厳選！あなたの街の
5つ星工務店

一般社団法人日本公正技術者協会（JFT）代表理事
森田敏之

はじめに

最近、住宅を建築する様子を追いかけたり、リフォームを紹介したりするようなテレビ番組が人気のようですが、よくみるとテレビ的な演出が濃厚で、私たちプロの目から見れば、費用や技術的問題も散見され、ずいぶん特殊な例と言えます。

一般の方々にとってマイホームづくりは、まさに一生に一度の体験と考えていいでしょう。ですから、計画する前に十分な下調べが必要なはずです。

あなたの人生においてマイホームを建てるという大きなチャンスに、家づくりについてほぼ素人同然の状態で臨むことは危険です。聞いたことのある会社だからと、その営業マンの言われるままに大事な「人生の拠点」を任せてしまっては、後悔をするはめになることもあります。

「こんな家に住みたい」と夢は大きく膨らみます。でも、その実現のためにお願いした業者さんとともに共同作業で家づくりを進めていくという意識は必要です。

家を建てるというと、展示場に行ったり、住宅雑誌を買い集めたり、ネットの住宅情報を閲覧したりしていませんか。

間違いではありませんが、その前にやらなければならない大事なことがあります。

「どんな家を建てるか」より前に考えなければならないのは、「これからどんな人生を送るのか」というライフプランをしっかり立てることです。

家はあなたの大事な人生の舞台です。そこで家族と共にどんな人生を過ごすのか。お子さんが生まれて育つ場所かも知れません。人生のパートナーと一緒に暮らす場所かも知れません。年老いた親御さんと一緒に過ごす場所かもしれません。将来、お子さんがお孫さんを連れて里帰りする場所かもしれません。これから未来の様々なドラマが展開される場所となるのです。

今の要望だけで、どんな家にするかを決めてはいけません。そこには将来の家族の声も入れておく必要があります。少なくともそれが入る余地を残しておく必要があります。

家を建てるというのは、人生における重要な事業のひとつです。大きな人生の節目となります。どんな家にするかによっては、資金計画も変わってきます。住宅ローンを組む場合は、長期間の資金計画が必要になります。返済が完了するまでは、きちんと収入を確保しなければなりません。そのためには、健康で長生きを心がけねばなりません。

ただ、住宅ローンを返済するために働くのではなく、充実した人生の舞台として、マイホームを考える必要があります。

その家で、どれだけ素敵な思い出を残せるのか、ウキウキ、ワクワクしてくるような楽しいプランも入れておく必要があります。

実際に家の設計図を作るより前に、どのような人生を誰と送るのか、ということを念頭に置いておく必要があります。また、自分の器以上のものを求めると、後々で困ったことになりますから、その点も十分に考慮しておく必要があります。

もっとも大事なのは、自分が立てたプランを実現するためのステージである家を誰が建ててくれるかを決めることです。

中途半端な業者に頼んでしまったら、せっかくの人生を台無しにされてしまいます。そうならないためにも業者選びは慎重でなければなりません。そんなことにならないように、必要な注意すべき情報はできる限り本書に盛り込んだつもりです。ですから、ぜひとも熟読されて、工務店選びから始めてください。

施主様に満足いただけるマイホームを手に入れていただくために、平成24年に私が代表理事を務める、一般社団法人日本公正技術者協会（ＪＦＴ）を設立いたしました。

これは、施主様だけでなく、工務店にもトラブルなくいい仕事をしていただけるよう、双方に対して公正な立場から、両者の利益を守りながら円滑な家づくりをサポートすることを目的とした団体です。

本書においては、優良工務店の紹介にとどまらず、施主様がよいマイホームを手に入れるために必要な知識のエッセンスを提供しています。

人生でたった一度の「あなたの人生の拠点」を手に入れるチャンスに、決して後悔しないようにとの思いで本書をまとめました。

本書をお役立てのうえ、素晴らしい人生を実現されますことをお祈りいたします。

平成30年4月

一般社団法人日本公正技術者協会（ＪＦＴ）代表理事　森田敏之

もくじ

3章 日本の5つ星工務店

1 章

よい住まいを確実に手に入れる

家を建てるプロセスを知ろう

これからあなたは、人生で一番高い買い物をしようとしています。そのためには、それなりの準備というものが必要になります。

ちょっとコンビニエンスストアに行って、何か買うのとは訳が違います。これが欲しい車を買うならば、パンフレットやカタログを取り寄せ、ディーラーを何度も訪れて、営業マンの話を何度も聞き、知り合いで詳しい人がいれば話を聞き、ネットでも評判を調べて、かなり細かいことまで調査して、そのうえで買うかどうか判断するでしょう。

しかし、不思議なことに人生の大半をそのローン返済のために使うという家づくりになると、理想や夢ばかり膨らんで、家づくりの知識はもとより、業者さんとの契約にも注意を払わず、あとになって「こんなはずじゃなかった！」と落胆されている方は少なくありません。

また、いろいろと下調べをおこない、理想の家づくりにこだわりを持った方もいらっしゃいますが、私たちプロから見ると、注意すべきポイントがズレて偏った知識だったり、細部のこだわりが過ぎて、かえって費用がかさんだりという失敗談もよく聞くことです。

ここで、家を建てるために、これだけは施主であるあなたがすべきプロセスを列挙しておきますので、これをまず参考にしていただきたいと思います。

ステップ1　情報収集

①情報収集（雑誌・書籍・パンフレット・ネット等）

②見学会・展示会に参加

③説明会参加
④会社選び

ステップ２　建築プランの具体化

①自分・家族の要望の整理
②資金計画・諸経費の算出と概算の算定
③建築時期の検討
④（土地がない場合）土地探しの検討

ステップ３　建築依頼や仮契約

①建設用地の地盤調査
②建設用地の法規制チェック
③具体的な設計の打ち合わせ
④見積ならびに支払い方法の検討
⑤銀行・金融機関への融資申し込み
⑥最終チェック・打ち合わせ

ステップ４　本契約締結

①契約内容の最終確認
②契約締結

以上のプロセスを頭の中に入れておいて家づくりを始めてください。

まず、どのような家を建てるのか、その家に居住する家族の要望を吸い上げておく必要があります。イメージを予め一致させておかないと、途中でもめたり、できあがって不満が出てきたりします。そんなことがないように、ご家族みなさんがもつ家のイメージを一致させておけば、工務店に依頼する際にも、伝えやすくなります。

事前に住宅雑誌やインテリア雑誌、建物の写真が多い雑誌を古本屋などで大量に集めてきます。また、ネットの工務店やハウスメーカーのホームページの写真をプリントアウトしてもいいかもしれません。その中からイメージに近い写真を切り取って、大きなケント紙などに張り付けて、自分たちのイメージを明確にしていきます。

頭の中でぼんやりしていたものが、写真を選んでみると、自分たちのイメージがより明確になってきます。言葉では伝わりにくいものも、こうするとよりはっきりしてきます。

工務店は、建てる土地が決まったら、例えばそこから半径30キロ圏内の工務店を選んではいかがでしょうか。半径30キロというと車で約1時間圏内ということです。それくらいであれば、その土地の特徴や環境のこと、地盤のことについての知識を持っていますから安心して依頼できます。また、将来のメンテナンスも任せられますし、家のことで困ったことの相談も手軽にすることができます。

工務店が決まったら、必ずその工務店がやっている完成見学会やモデルルームを見に行ってください。その工務店の実力がわかります。また、工務店のお客様に対する気遣いも大切です。信頼できる人柄か、それもチェックポイントに入れておいてください。

新築住宅は耐久性が求められる

日本の住宅市場における中古の割合は、欧米の70~80パーセントに比べて圧倒的に少なく、15パーセントにとどまります。昨今では、リフォーム市場が拡大基調にありますが、それでも新築志向の傾向には変化がありません。国の施策として、中古市場を拡大するためにリフォーム市場の拡大を進めていますが、まだまだという現状です。

よく「家は資産となり、家賃と同じくらいの支払いで、将来自分のものになります」という言い方があります。ハウスメーカーの営業マンが必ず使うトークです。

間違いではないのですが、「家が資産」となるためには、耐久性のある〝長寿命の家〟である必要があります。そうでないと、35年ローンの支払いが終了する頃には、自宅の資産価値はゼロになってしまうことが多くあります。

将来の資産価値を考える、ということは外せないことです。

そのためには、しっかりとした家づくりを考えなければなりません。

耐久性に優れた建物が求められますが、同時に定期的なメンテナンスにより、いつも安心、安全で住み心地のいい住まいをキープしていくことも求められます。

これは、資産価値を保ちつつ、住み続けるというわけです。

そうしたことを可能にするのが、地元の信頼できる工務店との関係を保っておくことです。家の構造について一番知っているのは、設計施工した業者です。大手ハウスメーカーだと、地元の工務店に仕事を振って、施工する点では同じですが、メンテナンスについては、全く違います。きちんとしたフォローは難しいので、名前が知られているというだけで、信用してはいけません。将来の資産価値を保つためにも、いつでも相談できて、家の構造から環境のことまで含めて考えて対応してくれる地元の工務店にメリットがあります。

在来軸組工法かパネル工法か

木造建築の工法は、大きく分けて、在来軸組工法か、木造枠組壁工法、いわゆるパネル工法の二種類があります。在来軸組工法とは、柱や梁という軸組（線材）で支える工法で、日本の木造建築で多く採用されています。それに対して木造枠組壁工法は、１９７０年代に我が国に登場した工法で、フレーム状に組まれた木材に構造用パネルを貼りつけたもので、工場で予め加工して、現場で組み立てるので早くでき、見栄えも悪くないのですが、リフォームに制約があり、調湿性などの点でも問題があります。何よりも北米で生まれた工法で、日本の風土には合わないものもあります。

日本の風土に最も合っているのは、在来軸組工法で、メンテナンスさえしっかりしていれば、長く快適に住み続けられる住まいとなります。

高度経済成長の時代は、大量生産・大量消費が推奨されていましたが、今日の低成長時代にあっては、何についても「長く使う」ということがキーワードです。家も、戦後から続いてきた〝一代一家限り。子の代になったら別の土地に家を建てて、親の家は取り壊す〟という時代から、ひとつの家をできるだけ長く維持する、という時代です。親の家は、そのまま子が住み続けるとか、売却して誰かが住むとか、いずれにしても取り壊しをせずに次の代に繋いでいくことが主流となります。

わが国では、昔の古民家を見ればわかるように、築１００年、築２００年というのも珍しくありませんでした。急速な経済成長、人口増、核家族化が、家づくりにも影響してきたのです。つい最近まで、新築住宅の寿命はせいぜい30～40年とされてきたのですから驚くばかりです。

実際、わが国の取り壊される住宅の平均築後年数もその程度で、イギリスの77年、アメリカの55年に比較して、あまりにも短いです。それは、作る側の技術の問題というよりは、日本人の新築志向も大きな理由だったのでしょう。

これからは長く住み続けられる家かどうかです。しかも、住む人の代替わりは必ずあります。そういう意味でも、住む家族の人数、ライフスタイルによってリフォームしやすい在来軸組工法がベストな選択と言えます。パネル工法の場合、壁に穴を開けてドア１枚作ることですら難しいのですから。もし、どうしてもパネル工法の家を選ぶのであれば、これは自分限り、一代の家と割り切ることをお勧めします。

長寿命の家を手に入れるには

では、長持ちする住宅は、どんなものなのか。いくつかの条件がありますが、第一にあげられるのは、その土地の風土をよく知っている腕のある職人に作ってもらうことです。家の中身、つまり構造躯体がしっかり作れることが重要になります。

かつてバブル経済の頃は、潤沢なお金が回っていたこともあり、「スクラップ&ビルド」といって、古くなった家は壊し、新しい家を建てるという風潮がありました。

しかし、バブル崩壊とその後の経済の低迷、さらには超高齢化社会に向かっている我が国にあっては、空き家が増え、構造の脆弱性から再利用もできず、所有関係や解体費用の発生等が社会問題となっています。従って、これからは、長寿命の家が求められ、国もそのための施策を進めています。

平成21年6月4日に施行された「長期優良住宅の普及の促進に関する法律」によって、長持ちのする家が建てられれば、税制の面で様々な優遇措置が取られています。

長期優良住宅であることを認めてもらえば、税制面での優遇があります。つまり、長く住み続けられる家が手に入ると同時にお金も戻ってくるということになります。

国が長期優良住宅をバックアップしますという制度で、税制優遇などのメリットは大きいようですが、その手続きは少々煩雑な仕組みとなっています。

では、まずどのような優遇があるのか、列挙しておきましょう（※2017年時点）。

①登録免許税減免　0・1％（一般住宅は0・15％）
②固定資産税減免　5年間1／2額（一般住宅は3年間1／2）

③不動産取得税減免　1300万円減額（一般住宅は1200万円）
④住宅ローン控除　最大600万円（一般住宅は400万円）
⑤投資型減税　上限100万円（ローン未利用の場合）
⑥長期住宅ローンの供給支援　35年→50年（償還期間）
⑦金利の優遇（フラット35S）当初10年▲1・0％　11〜20年▲0・3％
⑧補助金　100万円／120万円＊（＊地域資源活用の場合）

このような数々の優遇措置が得られる長期優良住宅の要件とは何か、ご説明いたしましょう。国土交通省が発表している「認定基準の概要」に基づいて、要件を列挙しておくと、以下のようになります。

①劣化対策
②耐震性
③維持管理・更新の容易性
④省エネルギー性
⑤居住環境
⑥住戸面積
⑦維持保全計画

なにやら難しそうな項目が並んでいますが、要約すると次のようになります。

・長期に使用するための構造・設備があること
・居住環境等への配慮ができていること
・一定面積以上の住戸面積があること

・維持・保全の期間や方法を定めていること
以上の4点に集約されます。

要するに、耐久性に富んでいて、耐震性がしっかりとあり、省エネ設計になっていて、周りとの調和もとれていて、メンテナンスもしっかりしている家という条件をクリアしているのが「長期優良住宅」ということで、先に挙げた優遇措置が受けられることになります。

一見、申し分のない話に聞こえるかもしれません。しかし、プロの目からみると、手放しでお薦めできるものではありません。

「良い住まいを手に入れる」をテーマにした本の多くも「長期優良住宅」を薦めていますが、その欠点についてはあまり触れてはいません。一般の方が「良い住まい」を手に入れるために、決して良い制度とは言えない点があるからです。

・通常の新築住宅に比べて建設費用がかさむ
・定期的な点検を必要とし、そのためにメンテナンスも含めてランニングコストがかかる
・定期的な事務手続きが発生し、煩雑な作業を強いられる

大手ハウスメーカーなどの営業マンは、長期優良住宅を積極的に薦めてきます。建築費用も高く取れると同時に建築後の定期的なメンテナンスや施主様に生じる煩雑な作業の代行として、その後も売り上げが立つからです。

確かに長寿命の家を持つためのひとつの選択肢として「長期優良住宅」はあるとは思います。ですから、よほど予算に余裕のある方以外にはお薦めしていません。

当協会で推奨する優良工務店は、品質として「長期優良住宅」に匹敵するレベルの「長寿命住宅」を建築する技術を持っています。しかも大手ハウスメーカーよりはるかに安く、しかも確かな技術を提供できることは、お約束できます。

「長寿命住宅」は、地元の信用できる工務店と仲良くなり、常に相談できる関係を作っておくことが何よりも大事なことです。本だけで得た知識に頼らず、優良工務店のプロにアドバイスを得ることです。

長寿命の家は耐震性もしっかりしている

日本は世界有数の地震大国です。

阪神淡路大震災、東日本大震災、熊本地震と大きな地震災害による被害は、他の地域に住まう者としても、決して他人ごとではありません。

東京の直下型地震や東南海の地震の可能性が囁かれる昨今、新築住宅の耐震性は必須のことです。現在の建築基準法は厳しくなっていますから、きちっと法律に準拠した耐震構造の住宅であれば、倒壊の心配はありません。

建築基準法により耐震基準は決められています。ただし、基準としては、大きな地震が来ても大丈夫というレベルにはありません。

これとは別に平成12年4月に施行された「住宅の品質確保の促進等に関する法律」（通称、品確法）では、瑕疵担保期間の10年の義務化とともに、住宅性能表示制度が創設されていて、建築基準法よりも高いレベルの耐震基準を設けています。

品確法における耐震基準は次の通りです。

耐震等級1　数百年に一度発生する地震（東京では震度6強から震度7程度）の地震力に対して倒壊、崩壊しない程度。数十年に一度発生する地震（東京では震度5程度）の地震力に対して損傷しない程度。（＝建築基準法）

耐震等級2　耐震等級1での地震力の1・25倍の地震力に対抗できる。

耐震等級3　耐震等級1での地震力の1・5倍の地震力に対抗できる。

本書で紹介している工務店は、建築基準法に定めている耐震基準を超える耐震等級3以上の強度の家づくりができる技術を持っています。耐震強度については、工務店とよく相談して、アドバイスに従うことが賢明です。

耐震性は家の構造、デザインとも大きく関係しています。よくあることなのですが、見た目のデザイン性を優位にして、構造のもろい住まいになった例も少なくありません。優良工務店は、総合的に判断して、施主様が長く住み続けるのに最もいい形を実現してくれます。

耐震の大前提は地盤を知ることから

いくら耐震構造の建物を建てたとしても、それが地盤の緩い立地にあったら、大きな地震に一発でやられてしまいます。

その土地の来歴、癖を知っているのは、誰よりも地元の工務店に他なりません。土地に古くから住んでいる方なら、ある程度ご存知かもしれませんが、今は自分の家以外にはあまり関心がないので、お住まいの方でも地盤についてご存知でない場合が少なくありません。

欠陥住宅といわれる建物の80パーセントは、地盤沈下が原因です。自分の家がどのような土地の上に立つかということは、いわば死活問題ともいえる最重要事項です。

仮に役所に行って問い合わせても、今の職員には、50年も100年も前の土地の状態について知悉《ちしつ》している人は、おそらくいないでしょう。餅は餅屋で、常にその地域の土地と向き合って仕事をしている地元の工務店に聞くのが一番です。

昔は、その土地の長老といわれる物知りがいて、土地の来歴や地名の由来などをそらんじる人がいたものです。しかし、今やそのような存在を必要としないネット全盛時代です。

しかし、キーボードを叩いてインターネットで調べても、ピンポイントで地盤について知るのは至難のワザです。ここは、地元の工務店に任せるのが賢明でしょう。

せっかく気に入った土地を確保し、耐震強度の高い、ずっと住み続ける家を取得する算段がたったというのに、地盤が弱いということは判明したら、元も子もありません。住宅の堅牢性と地盤は不可分のものです。

地盤が軟弱と判明した場合には、地盤改良工事を行います。地盤改良工事には2つの方法があります。ひとつは、「表層改良工事」といって、地盤の軟弱が浅い時に採用される方法で、表層2メートル以下の場合に行われます。表土に凝固剤としてセメントを混ぜて固めます。

次に軟弱の程度がもう少し深く、2～5メートルに及ぶときに採用される方法で、「柱状改良工事」といいます。この場合は、穴を掘って柱状にコンクリートを流し込んで、固い支持地盤を作ることにより、家全体を支える基盤とします。

しかし、基本的には、このような工事が必要な地盤に家を建てることは避けるべきです。よほどその土地に建てなければならない事情がある場合は別ですが、地盤の弱い土地は選ばないことです。そのためにも地元の優良工務店に依頼するのが賢明なのです。そして、建築予定の土地の地盤について確認しておきましょう。

2 章

よい住まいづくりの要「優良工務店」を見つける

深刻な人手不足と職人不足

２０２０年の東京オリンピックを控えて、業界は建設ラッシュで嬉しい悲鳴、と喜んでばかりはいられません。深刻な問題が露わになってしまっているからです。

これから家を建てようと考えておられる皆さんにも、けっして無視できない影響があります。以前から問題視されていましたが、深刻な人手不足ということです。建設業界にとっては、とりわけ深刻度が大きく、業界関係者は頭を抱えています。とくに腕のいい職人が圧倒的に不足しているのです。

家を建てる場合、釘一本、ネジ一個に至るまで、人の手で行われます。経験に裏打ちされた技術力を持った手が必要です。その手が釘一本、ネジ一個をないがしろにしないからこそ、安心して住み続けられる、いい家を建てることができるのです。

ところが、現在では、その「技術力を持った手」が圧倒的に足りなくなっています。

昨今、建設現場を始めとして、多くの現場において、外国人労働者の姿を見ないことの方が珍しくなっています。

家づくりの現場で指示を出せば、動ける頭数が揃っていればいい、というわけではありません。親方について、しっかり仕事を覚え、先輩について仕事の手順を体で覚えた職人でなければなりません。さらに、施主様がどのような住まいを望んでおられるのかということについて、知識と経験をもって、しっかり把握したうえで、作業を進めていくことができなければなりません。そのような職人を育てるには、時間がかかります。そのような職人が揃っていなければ満足いただける家を建てることはできません。

大手はメーカーでは、工業技術力によるプレカット工法を進化せています。生産工場で各部品を綿密に製造し、現場では組み立てるだけで家が丸ごと建ってしまうという、プラモデルのような工法で建てることが主流となっています。ですから、大工経験が未熟な作業員でも手順に沿って組み立てられるという利点があります。

そうした現状にあって、きちんと職人の技術を伝えた後継者の育成に取り組んでいるのが工務店です。けっしてやさしいことではありませんが、後継者を育てながら、いい仕事をして地域の信用を勝ち取っています。建てる地域の環境を知り、施主の要望と難しい設計などにも臨機応変に対応でき、最上の仕上がりを実現できる技術を備えています。

しかし、こうした工務店は、広報が得意ではありません。だからいい仕事をしているのになかなか知られる機会がありません。

優良工務店を見つける方法

良い家を建てるには、誰に頼むか、ということにつきます。

通常、家を建てるときに依頼するのは、ハウスメーカーか設計事務所か工務店になります。

しかし、ハウスメーカーに頼んでも、実際に設計を手がけたり家を建てるのは、地元の設計事務所や工務店ということになります。だから、いかに優良工務店を見つけるか、ということになります。

家を建てるのは、ほとんどの方が初めての経験です。馴染みの工務店で信用できるところを知っていれば何よりですが、ほとんどの方はそれがありません。

人づてに聞いても、所詮素人の判断ですから、なかなかわかりません。

では、大手ハウスメーカーなら信用できるのか、となると、そうと言えないところがあります。私が公平に見ても、決してハウスメーカーはいい仕事をしているとは言えません。

ハウスメーカーの窓口は、営業マンになります。同じ営業所に勤務して、地元の情報をよく収集しているかというと、そうとも言えません。数年ごとに異動がありますから、一つの営業所にとどまるということは、まずありません。仮に契約の担当になっても、数年後に補修等の相談に行っても、もう担当の営業マンは他の営業所に異動などという話はザラにあることです。

何よりも大手ハウスメーカーの営業マンに求められるのは、「売ること」です。年間に何棟の契約を取るか、そして、契約したら次の見込み客、つまり施主様候補のところに行って、あの手この手で契約にこぎつけることに腐心します。だから、契約したお客様のことは頭にありません。そして、何か相談や問い合わせをしても、親身になってと言うにはほど遠い対応ということもあり得るのです。

家を建てるということは、家が完成して終わりということではありません。そこで何十年も住み続けるわけですから、当然、メンテナンスが必要になってきます。懇意にしている地元の工務店があれば、気軽に相談に乗ってもらえますが、大手ハウスメーカーでは、そういうわけにはいきません。

いずれにしても家を建てるのは地元の工務店ですから、いかにしていい工務店を選ぶか、ということが、いい家を建てるための絶対条件となります。

大手ハウスメーカーは、自社工場ですでに加工済みの部材を現地に運んで組み立てますから、あっという間に出来上がります。一見、綺麗に仕上がっているので、さすがと感心するかもしれません。しかし、住んでみるとあちらこちらに問題が、ということが起こりがちで、それに対する十分なアフターケアはありません。

工務店は、年間の受注件数を決めていますので、数では大手ハウスメーカーのほうが多いのですが、実際の仕事では負けていないというか、むしろ工務店の方が丁寧に、じっくりと仕上げてくれます。

工務店はいい仕事をして、地元で「あの工務店はいい仕事をする」という評判が立つように、しっかりした仕事をすることを念頭に置きます。地元で変な評判が立とうものならば、死活問題で、経営は成り立たなくなってきます。また、地元にいて、メンテナンスもままならない状態ならば、決していい評判は経ちませんから、メンテナンスにしてもおろそかにはしません。

ひとくちに工務店と言っても、その中身は異なります。大きく分類すると五種類に分けられます。

①設計・施工を行う。各種保証・融資相談にも乗れる工務店

②分譲住宅会社の施工下請け専門業者

③ハウスメーカーの下請け専門業者

④リフォーム専門業者だが、たまに新築住宅を請け負う業者

⑤不動産会社のように、自社では設計施工をせずに住宅販売を専門としている業者

このなかで、お勧めできる工務店は、①です。後々も安心して付き合ってくれる業者です。②はいかに大量に早くやるかに特化した業者。③はハウスメーカーの注文にこたえる形で仕事をこなすところ。施主様よりは、ハウスメーカーに顔が向いています。④と⑤は論外です。でも、こういうところでも工務店の看板をあげています。

工務店とは何か

優良工務店を探す前に、そもそも工務店とはどういう仕事をしているのか、知っておいても損はありません。工務店がなんでもできるわけではありません。

工務店とは、大工や左官、タイル・レンガ工、サッシ工、内装工などの職人を束ねて、建設工事を請け負う会社です。職人の集まりというと、頑固者の泥臭い人間の集まりのようなイメージを持たれるかもしれませんが、今は違います。

専属の設計士を置いたり、設計事務所と連携している工務店も少なくありません。デザイン力やセンスでも大手とも引けをとらない工務店はいくらでもあります。

では、どういう工務店が優良工務店なのか、いくつかのチェックポイントを挙げておきましょう。

☑社長の人柄はどうか、ポリシーはどうか

いきなり社長の人柄だなんてと思うかもしれません。しかし、家づくりはチームワークなので、チームリーダーである社長の人柄、人間性はとても大切です。家は建ててからの方が工務店との付き合いは長くなります。ちょっと相性が合わなそうという感じがしたら、もう少し考えてみた方がいいと思います。好きになれたなら、相手も必ず好きになってくれるはずです。そのような社長さんを選んでください。また、何度か訪ねても、社長に会うことができない場合、やめておいた方が無難です。

☑会社の理念・ポリシーはどうか

これはホームページなどで確認することができます。社長の思い、つまり工務店の理念が書かれているページが必ずあるはずです。しかし、書くだけなら、誰にでもできます。社長に会ったときに、さりげなく本人の口から思いを聞き出してみることです。例えば、どうしてこの職業を選んだのかとか。これは信条にもつながることなので重要です。中には訥弁で、口の重い方もいるでしょう。でも、自社の得意分野、強みなどは当然、話せます。何も出ないようならば、その工務店は見合わせた方がいいかもしれません。

☑自社の設計・施工か

家づくりに関するすべてのことができるかどうかは大切なポイントです。優良工務店は、決して下請けに丸投げするようなことはしません。現場監督がいて、これも工務店の社長が多いのですが、自社の大工（社員、専任として契約）を使って施工します。責任の所在をあいまいにしません。設計に関しても、提携の設計事務所がある場合は別として、自社でできることが肝心です。

☑在来木造建築のできる工務店かどうか

工務店の仕事は、多岐にわたります。マンションの内装工事、店舗工事、建売、大手ハウスメーカーの下請けなどの工務店もあります。そうした中で、在来木造建築をメインに請け負っている工務店を選びま

しょう。

また、優良工務店ほど新築注文住宅に加えてリフォームまで行える技術を持っています。注意したいのは、リフォームしかできない工務店もあるということです。現在の法律では、工事代金1500万円以下の契約ならば建設業許可証がなくても営業可能です。極端な言い方をすれば、誰にでもリフォーム事業を始めることができます。問題を起こすリフォーム業者は、ほとんどこういう会社です。

☑自社の得意とするところは何か

どのような工法なのか。どうしてそれがいいのか。素材は何を、どのような理由で使うのか。耐震、長寿命住宅、断熱・高気密についてなども必ず工務店としての一家言があるはずです。優良工務店ならば、納得できるまできちんと説明してくれるはずです。

☑要望を聞いてくれるか

施主は夢を形にしたいのです。すべてを聞いてもらい、そのメリットデメリット、可能性などをきちんと説明してもらえるかは大切です。そして十分希望を取り入れたプランを提案してもらえるかどうかです。あなたが求めていることが、工務店からの提案と一致していることが大事です。もやもやとした気分になったり、腑に落ちない点が解消されなかったりしたら、違う工務店を訪ねてみましょう。

☑構造見学会、完成見学会は開催しているか

完成後はまったく見ることができなくなる構造部ですが、安心・安全に一番重要な部分です。施主としても特に気になる部分が構造部でしょう。逆に、工務店としてもぜひ見てもらいたい部分でもあります。施工に自信がある工務店ほどそうです。構造部を確認しながら、納得できるまで質問しましょう。何一つ困らずに説明できる工務店が本来の姿です。

☑現場はきれいか

特に工務店が注意しているのは、現場の整理整頓です。タバコの吸い殻などが落ちているなどはもって

のほか。施主としても心配になるでしょう。社員教育の行き届いた優良工務店の現場を訪ねるのは気分が良いものです。現場でぶっきらぼうで不誠実な対応があったりしたら、その工務店はお薦めできません。

☑ 創業何年か

長いに越したことはありません。それだけ地元に密着し、また信頼を得て経営してきた工務店であるという証しでもあります。創業が数年という場合は、ライセンス（資格免許）の有無、種類などで判断がつきます。一例をあげると、1、2級建築士、木造建築士、1、2級施工管理技士、インテリアコーディネーター、インテリアプランナーなどは、国家資格や地方試験を合格しなければ取得できない資格です。

以上のような項目をチェックしながら、工務店を訪ねてはいかがでしょうか。

契約締結前にすること

家を建てるとなると、それなりに情報収集に励み、準備はされると思います。また、施工会社との打ち合わせにも、それなりに緊張感をもって臨むことでしょう。ところが、最後の契約の段となると、どうも詰めに欠ける施主様が多いのに驚きを禁じ得ません。

たしかに一般に使わない言葉が飛び交い、施工会社の契約担当の係も早く終わらせようと、スピード感のある説明で、施主様が十分に理解する時間を持たせずに、署名捺印を要求します。契約書は何枚もあり、うんざりするところでしょうが、ここは慎重に対応してください。家が出来上がってから後悔しても手遅れです。人生の中で最も重要な時間であると自覚して、ここはじっくりと説明を聞き、納得がいかなければ、署名捺印はできないと、覚悟してください。

最終段階で、「工事請負契約書」と「工事請負契約約款」が提示されます。「工事請負契約約款」には、「工事請負契約書」の各項目の詳しい内容が書かれています。ここでは、普段馴染みのない法律用語が使われているので、一度聞いたくらいでは、スッと頭に入ってはきません。ここには、家を建てるにあたり、施工会社と施主の双方の責任の範囲を明記しています。内容についてよくわからないのに署名捺印はしないでください。そして家ができ上がって、引き渡しが終わってから、「話が違う」とトラブルになるケースが多いです。内容も分からず判子を押したが、納得できない、と騒いでも手遅れです。

「約款」には、工事を請け負う施工会社が建築基準法に違反しないように、その約束が細かく明記されています。さらに、「保証人の責任はどこまで及ぶか」「設計図の変更による責任は誰のものか」「工事内容が変更になった場合の責任の所在はどうなるか」「台風や地震などの自然災害で工事が予定どおり遂行できないときの責任は誰にあるか」「工事場所の管理の責任は誰にあるか」「工事完了後の検査・引き渡しはどうなるか」など細かく明記されています。

こうした契約内容については、「よい住まいづくり」の書籍にもほとんど触れられていません。予め当協会にご相談いただければ、内容について詳しくご説明いたします。また、施主様向けのセミナー等も開催しておりますので、どうぞ当協会のホームページを参照ください。

よい住まいのためのＪＦＴ（一般社団法人日本公正技術者協会）

よい住まいを実現するためには、どうすればいいか。

よい住まいを求める施主様と優れた技術を持つ職人をつなぐ――これに尽きるのですが、現実には、これがなかなか難しいのです。さらに、現在では、技術を持った職人とその後継者が激減しているだけに、なおさら難しくなっている現状です。

そこで、施主様のご意向とそれを実現する腕のある技術者をつなぎ、公正な立場で両者の相互理解と、よい住まいづくりの実現を目指して設立されたのが、ＪＦＴ（一般社団法人日本公正技術者協会）です。

当協会では、設計・施工から木材・設備機器にいたるまでのエキスパート・アドバイザー12名を擁して、技術情報ばかりか部材の調達から技術提供にいたる、万全のサポート体制を構築して、よい住まいづくりを強力にバックアップしています。

住宅完成後における施工会社と施主様のトラブルは少なくありません。そうした問題は、事前の双方の理解不足と事後の認識不足が大きな原因となっています。トラブルの早期解決はもとより、契約段階においても双方の理解を助けるサポートによって、トラブル発生を最小限にとどめる活動を行っています。

さらに全国的に優れた弁護士21名と連携して、トラブルの解決と未然の防止に日夜務めています。こうしたＪＦＴの活動は、全国の優良工務店より高い評価をいただいています。

当然のこととして、工務店の技術力を適正に評価するとともに、その中の優良工務店を施主様に自信をもってお勧めしています。

よい住まいづくりの要は、優良工務店を見つけること

住まいづくりは、一生に一度の最大のイベントといっていいものです。それをまるでバクチのように「えいやっ」とやってはなりません。住んでみてから後悔しても始まらないからです。「よい住まいづくり」の本を何冊読んで知識をいかに蓄積しても、最後はいかにして優良工務店を見つけて、的確に施主としての要望を形にしてもらうかです。

口では簡単に言えますが、現在においては至難のワザです。本当に総合力を備えた優良工務店に巡り会うのは大変です。そこで、当協会では、地元の優良工務店と施主様をスムーズにつなぐサポートを行い、満足できる住まいができたと好評いただいております。

どこでも営業マンは言葉巧みに契約に導きます。いかに優れた家づくりができるかを力説します。素人

目には、それが真実か否か、見分けはつきません。歴戦のつわものと素人同然の施主様では、勝負の結果は明らかです。そして、新居に入居してしばらくしてから不満がいろいろ噴出しても、どうしようもありません。そんなことが起こらないように当協会では、安心して家づくりを任せられる優良工務店を紹介しています。もちろん紹介料はいただいておりません。気軽にご相談いただければと思います。

施主様のご要望に合わせ、ご希望地・ご希望の建物の種類・デザインを実現できる優良工務店を、当協会の厳正な審査により選定し、ご紹介・推薦しています。

住まいづくりの安心プログラムを提供

施工会社と施主様の間では、トラブルが発生するケースがあります。その原因を調べると、施工会社側から提案する契約内容に問題がある場合も少なくありません。しかし、ほぼ始めて家を建てる契約を結ぶ施主様側では、その内容が公正であるか否か判断できません。

万が一トラブルが発生しても、不利益を被るのは施主様側です。施工会社側は、何度もトラブルに遭って、いかにして自分達が不利益をこうむらないでいられるか、研究して契約書を作っているわけですから、施主様側には勝ち目はありません。

そこで当協会では、加盟企業に対して建築物の保証はもとより、施主様との契約は公正を期して行うよう、契約を進めるよう教育プログラムを提供しています。

また、建築完成後に病気やケガ、会社の倒産による失職、リストラ等により施主様に万が一の事態に陥った際には、住宅ローンを軽減する措置をほどこすプログラムも用意しています。不測の事態に備えるとのご希望があれば、お気軽に当協会にご相談ください。

トラブル解決のエキスパートが揃う

建築には素人同然の施主様と長年建設に関わっているプロの施工会社側とでは、対等の関係はあり得ません。いかに「よい住まいづくり」の本を熟読したところで、所詮、付け焼刃に過ぎません。また、施主様の思い違いや契約書の理解不足などによる、施工会社との行き違いが原因のトラブルも少なくありません。

そのようなことが起こらないようにＪＦＴ加盟企業は、施主様の十分なご理解をいただけるように、トラブル防止のためのさまざまな提案を行い、契約時にまつわる施主様の理解不足を補うことも行っています。

また、契約内容、契約金額は適正か、実際の建築現場において、適正な工事が行われているか、契約内容に合致した完成物件を引き渡せたか等の、施主様が抱く疑問や不安に対して公正な立場から判断する業務も推進しています。（任意により有料）

こうした業務を行う当協会の調査員は、覆面で行っています。建築に関わる各方面のプロフェッショナの有資格者が、十数名所属し、日夜、施主様の要望にお応えしています。プロ（施工会社）に対抗できる、施主様をサポートするプロ集団というわけです。

「よい住まいづくり」でご不明な点がありましたら、どうぞ当協会にご相談ください。どのような疑問にもお答えいたします。何よりも信頼できる優良工務店をご紹介いたします。それで、大方の疑問や不安は解消されるはずです。

3章

日本の5つ星工務店

5段階評価

評価項目と目安
(5段階評価で3.0を
標準点とする)

1 災害などによる耐久性

耐震基準(2007年)を
クリアしている。
★★★☆☆ **3.0**

2 経年による劣化耐久性

建築基準法上の劣化耐久性を
クリアしている。
★★★☆☆ **3.0**

3 経験値 / ライセンス

建築業経験10年以上、
または二級建築士資格を
取得している。
★★★☆☆ **3.0**

4 省エネルギー性

省エネルギー政策
(2018年現在)に
適合する施工を行っている。
★★★☆☆ **3.0**

5 施工能力・柔軟性

自社職人、
または契約職人(専任)がいる。
資金計画等の専門知識がある
スタッフがいる。
★★★☆☆ **3.0**

快適で、丈夫、健康的な家を。私たちは伝統工法を守り、本物の日本家屋をお届けします。

有限会社　儀賀住建（三重県四日市市）

〝大工って、かっこいい〟本物の大工を目指して修行。「伝統工法、一筋で行く！」

木材に鉋をかけ、トントンと軽快な槌音を響かせて家づくりをする大工職人の姿を見て、儀賀社長はその仕事ぶりに憧れたと言う。当時、中学2年生。「大工って、かっこいい」と心の底から思い、学校を卒業したら大工職人になってやると、自分に固く誓った。

その決心は変わることなく、中学を卒業すると、さっそく親方のもとに弟子入りし、昼間は大工修行、そして夜は建築科のある高校に通って勉強に励んだ。修業は厳しく、夜間の勉強も大変ではあったが、不思議と「つらい」とは思わなかったと、儀賀社長は当時を振り返る。むしろ、早く独り立ちして本物の大工職人になって、自分にしかできない仕事をしたいと思った。

「親方のもとで8年間修業を積み、平成12年に独立しました。その時、今まで学ばせてもらった経験から、自分は伝統的な工法で家づくりをしていこうと決めていました。木材は天然乾燥のできるだけ高樹齢の材を使い、自分が身に付けた高い技術によって、快適でしかも強い日本家屋を造ることが、お施主様に貢献することだと考えました」と、儀賀社長。今年で大工歴25年。「大工しかやったことがありません」と、ご本人は言うが、家づくりに関しては、プロの同業者たちからも、「儀賀さんにしかできないことがある」と、一目置かれる存在なのだ。

では、儀賀社長にしかできないことは何か。

〝木組み〟によって建て、日本の伝統である〝竹小舞〟の土壁、そして漆喰の内壁を

儀賀社長は伝統工法を守り、実践する数少ない大工職人だ。

「伝統工法は、歴史的建造物、例えば、法隆寺にも採用されています。何百年たっても壊れません。この建物の強さは、伝統工法ならではです」と語る儀賀社長。

現在の住宅建築では、構造材をプレカット工場にすべて委ねるのが一般的だが、儀賀社長はそれをほとんどしない。木の性質を見抜く目があるからこそ、それができるとも言える。仮に、プレカットに出す場合でも、すべての構造材をチェックし、木のくせや強度、曲がりを選別し、どこにどの材を使うかを指示しに行くという徹底ぶりだ。

たとえいま真っ直ぐでも、これから曲がってくる材もある。それらを見極めて配置するのだという。

上／代表的な伝統工法の仕口のひとつ「鼻栓」という。柱と横架材を組む仕口でもっとも強いと言われている。下／木材の加工細部も、とても丁寧と建具職人にも評判

一番大きな梁は檜で推定樹齢は160年、丸太梁と丸太梁の木組みがダイナミック。大黒柱の檜(8寸角)は16年間自然乾燥させてある材でとても狂いか少ない。白い壁は漆喰これも熟練の左官職人により、高度に仕上げられている

上／階段の欄干部分に一枚板が使われている。あまり見たことがない。こんなところにも伝統技術のこだわりが……。下／こちらは中塗り仕舞いの壁、やさしいく温かみのある土壁の雰囲気が伝わる

材の使う場所を決めた後は墨付け作業に入る。材を切ったり、加工したりする部分を記す作業なので、最も重要な作業のひとつである。

「完成したら見えなくなる部分もありますが、この墨付けの技術こそが、家造りの運命を変えるほどの大切な技術なのです」と、儀賀社長。まさに本物の大工職人としての技術、技量が問われる重要な作業なのだ。

　次に必要となる技術が「刻み」と呼ばれる作業。墨付けに従って、手技によって木材を彫ったり、刻んだりする。コンマ何ミリが要求される熟練者にしかできない仕事だ。

「これら墨付けと刻みの精度があってこそ、木組みを行った際の強度に反映されるのです。ここにも高度な技が必要となるわけです」

　このようにして刻んだ木材を組みながら建てていくことを、「建前」と呼ぶ。

上／建前の様子クレーンで一本一本丁寧に組み上げられていく。下／竹小舞を編んでいるところ。この竹もすべて切り旬に伐って自然乾燥させたものという。縄で一本一本丁寧に編まれていく。大変手間のかかる作業だ

「建前は、墨付けや刻みの発表会のようなもの。お施主様はもちろん、数多くの大工職人も集まるので緊張します。しかし、しっかり水平垂直にその柱が通った時、そして大黒柱が立った時は、喜びにつつまれ、この仕事をしてきてよかったと思います。何より、お施主様やご家族にも喜んでいただけるので、職人として最も幸せな時でもあります」

　伝統工法では、現在では手間がかかりすぎて行われることの少ない「竹小舞」や「荒壁づくり」という作業もしっかりと行われている。竹小舞は、細かく割った竹を編んで土壁の下地に使用するもの。荒壁づくりとは、丸竹を使用し、外壁面の柱の外面いっぱいまで塗り込めることを言う。「現代の一般建築では、壁の中に筋交いを入れたり、電気などの配線をしなければならず、このような土壁をつくることは困難だとされていますが、私たち儀賀住建では、強くそして快適な家を造るために、あえてそれを行っているのです」

　もちろん儀賀社長は自然素材にも精通しているため、室内の壁も自然素材である漆喰などを使用する。

「漆喰はシックハウスの原因となるホルムアルデヒドを吸収し分解すると言われています。さらに、部屋に湿気が多い時はそれを吸収し、乾燥している時は湿気を排出します。そのほか消臭・抗菌作用や防火機能もあります。漆喰は、まさに自然の優

儀賀社長の自宅兼ショールーム。事前予約していただければ見学も可能という

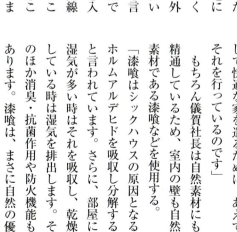

れた素材なのです」

もちろん、漆喰を塗る職人も、儀賀住建の高い技術があってこそ、自然素材である漆喰本来の機能が如何なく発揮されるのだ。

木を選び、自然乾燥。手をかけ、技を駆使して、家づくりの神髄に迫る

快適で強い日本家屋を建てるには木が命。儀賀社長の究極のこだわりは、「木」にあると言っても過言ではない。「まず木を選びます。そしてなるべく高樹齢の材を使います。それは、木の目が詰まって強度が増すからです。また、木には〝切り旬〟があります。春先や夏に切ったものは腐朽菌が発生しやすく、そのため9月から2月に伐採した木を使うのです。乾燥は天然乾燥です。伐採した場所で葉を付けたまま2、3ヵ月ほど葉枯らし乾燥し製材してから、材の断面寸法は性質によりますが、1年以上自然乾燥させます」と、徹底的に手をかける。

こうして、はじめて家を造るための木となる。信念、技術、そして自然素材。儀賀社長はこれらを一つに

右／古民家が好きなお客様のお宅です。古建具がアクセント子どもたちに大人気のロフト。左上／内装の白い壁は施主様のセルフビルド。あまりにも仕上がりがよいのでみんな「!」しています。中／レトロでかわいいですね。下／杉の格子が……

5段階評価

災害などによる耐久性	★★★★★ 4.8
経年による劣化耐久性	★★★★★ 4.8
経験値／ライセンス	★★★★★ 4.6
省エネルギー性	★★★★★ 4.6
施工能力・柔軟性	★★★★★ 4.3

儀賀社長

㈲儀賀住建

- ●代表者　儀賀信貴
- ●所在地　三重県四日市市室山町227-7
- ●電　話　059-322-4688
- ●設　立　平成18年4月26日
- ●事業内容　大工工務店
- ●建築工法　木造軸組
- ●施工地域　三重県北中部および愛知県西部

http://www.gigajuken.co.jp

融合し、家づくりの神髄に迫る。本物の日本家屋を建てようと思うのであれば、儀賀社長に相談することが一番の近道に思えてくる。

お客様の声

伝統工法で造る長寿命の家をはじめ、竹小舞や土壁で造るゼロエネルギーハウス、長期優良住宅にも対応。

●会社の同僚に、伝統の技術で素晴らしい和風住宅を建ててくれる凄い大工さんがいると聞き、紹介してもらったのが儀賀さんでした。実は、何社か建築会社さんに相談していましたが、自分の感覚にピンとくるような提案やお話が聞けなかったので、儀賀さんにこちらの希望やこだわりの部分の話を聞いていただきました。その時に、伝統的な日本家屋のよさや、儀賀さんの家づくりに対する思いや信念を聞かせていただき、私も製造業でものづくりに関わっていた関係もあり、大変参考になると同時に、この方なら自分の家づくりを任せられると思い、さっそくお願いしました。

家が順調に建てられていくにつれ、儀賀さんの腕前の確かさに驚かされました。床板の張り方ひとつとっても、しっかりしていましたし、一緒に漆喰の壁塗りをさせてもらったことも、貴重な体験でした。儀賀さんから、ペレットストーブを提案していただけたこともよかった。いま、その家で快適に暮らしています。エアコンを使わなくても空気の流れがよく、夏涼しく、冬暖か。いつもソファーで、うたた寝をしてしまうくらい快適です。希望していたガレージも最高ですし、家の趣味も私にピッタリ。居心地も住みやすさも大満足です！

（I様）

●展示会に参加したりハウスメーカーなどに相談したりしましたが、〝これだ〟と思えるような家や会社に出会えませんでした。というのも、家族がアレルギーを持っていて、シックハウスがない家が絶対条件だったのです。アレルギーが出ないようにするには、土壁の家がいいと聞いてはいました。しかし、予算の問題もあり、諦めかけていたところ、儀賀住建さんが土壁と同様に、自然素材を使った体に優しい家を造っていると聞き、早速、相談してみました。

すると、木や梁が見え、リビングを広く、和室の仕切りを三枚扉で仕切ることやバリアフリー対応にしたいということまで、対応できるというのです。しかもこちらの予算の相談にも応じてくれました。

その結果、常に木の香りのする落ち着いた家が完成しました。風の通りもよく、家中がさらさらとした感じで居心地は抜群です。もちろん家族のアレルギーも軽減されました。儀賀住建さんに頼んで本当によかったと思っています。

（Y様）

営業マンゼロで
年間50棟限定の家づくり。
本当に価値のある住まいを提案。

株式会社 桝田工務店（大阪府大阪市）

天窓からの光が空間全体に行き届き、気持ちの良い空間。スチール階段が空間を緩やかにゾーニングし、空間のアクセントにも

②玄関入ると大きく出迎えてくれる坪庭は、桝田社長が自ら造りこんだ癒しの空間。③吹き抜けの天窓から光を採り入れ、プライバシーを守りながらも明るいLDK。④広い庭に面するLDKは開放感あふれ、重厚感のある空間に

家づくりを楽しむ それが「良い家」をつくるための秘訣

お引き渡し時に100％の満足ではなく、それ以上のものを感じていただきたい――。そんな思いから、施工後のアンケート内容にじっくりと目を通し、「自社が提供できた価値を、シビアな目であらためて見直す」というのは、大阪府の桝田工務店代表の桝田佳正さんだ。

「家づくりをするうえで、大切なのは『楽しむこと』です。私たちスタッフも一緒になって、家をつくることを楽しむ。その姿をお見せすることが、結果的にお客様にとっての満足感や喜びにつながっていくと感じています」

桝田工務店は下請け・孫請けといった中間を省き、自社ですべて責任施工し、現場管理も行っている。

「一般的に、大手ハウスメーカーで行われている受注形態は、指定工事会社からの一括下請け・孫請けです。これが、お客様にとっては価格のアップにつながってしまっています。また、大手ハウスメーカーは、年間、数千棟も建てていますから、規格住宅のご提案になることが多いのです。当社は、年間に新築50棟と限定数を設けることで、一つひとつの家に惜しみない手間をかけています」

桝田工務店の目指す家は「十人十色の家」だ。

「十人十色という言葉を『家』に置き換えれば、住む人それぞれの持つ

⑤北向きでありながら明るいキッチンからつながる、2.5帖ほどのパントリーは家事を楽にする工夫が満載。⑥大阪市内の住宅密集地、狭小間口を感じさせない明るく開放感あふれるLDKは、誰もが長居してしまうほどの気持ちの良い空間

『思い』や『考え』の部分です。それを『家』として叶えていくには、私たち住宅会社が規格住宅という概念を捨て、幅広いご提案をする必要があります」

桝田さんは良い家の定義を次のように語る。

「自分以外の人にいくら『素敵な良い家だね』と言われても、それがイコール『自分にとって価値のある家』とは言い切れませんよね。逆にほかの人からいくら『変な家だね……』と言われても、自分自身が満足していれば、その方にとっては『価値のある家』です。つまり、お客様ご自身が、自分たちにとって何が一番重要なのかをしっかりと理解していれば、それを満たす価値のある家が作れると思います」

桝田さんは、地鎮祭・上棟式・お引渡し式など、家づくりにおいて重要な式典には、できる限り足を運ぶ。

「折々に、お客様と家づくりについてお話をします。どのようなお気持ちで家づくりをされているのか、また、当社に対しての期待や思いなども聞かせていただきたいと思っているんです」

目に見える触れ合いを積み重ねて、お客様の「重要な部分」を探り、その場で聞いたこと、感じたことを家づくりに丁寧に還元していく。それが桝田工務店の家づくりなのだ。

長く住み続けるために プロの目で、選び抜いた 施工法を取り入れる

家を建てる時には大きく分けて、木造、鉄骨造、鉄筋コンクリート造、ツーバイフォーの4種がある。桝田工務店では、ツーバイフォー以外の構造はすべて対応している。

「メンテナンスをしっかりすれば、家は100年以上の耐久性があると言われています。でも、長く住み続けることができるということは、イ

⑦客間兼用の和室と隣接するLDKは天井が高く、採光を確保しながらもプライバシーを確保

コール、いつか家族構成が変わる日も来るということ。ツーバイフォー工法はリフォームしづらい構造のため、変化するライフスタイルに対応しずらいのです」

建築のプロとして長い目で、その家の行く末を見つめる桝田さん。

「次の世代、そしてまたその次の世代までが安心して暮らせる家づくりをしたいのです。そのためには、目に見える部分だけではなく、地中の基礎など、目に見えない部分にもこだわりを持っています。

全棟、不同沈下等を起こしにくいベタ基礎＋基準法上クリアできるシングル配筋の2倍の量を使用するダブル配筋を標準で取り入れ、耐震に関しては、耐震基準1―3の中の最高レベルである3を標準とし、次世代を見据えています。阪神淡路大震災を教訓に、より耐震性の高い建物を提供していくことも安心した暮らしを手に入れることにつながるための役割だと考えています」

長寿命の家を提案する同社では、軽量鉄骨造は一切提案しない。そのほかにも家を建てる土台である「土地」のアドバイスも行っている。

「本当にこの土地や建物を購入しても大丈夫か、と不安を持たれている方はたくさんいらっしゃると思います。実際に現場に行っての診断やアドバイスもしています」

感動の涙を流せるような素晴らしい仕事に、いつも感謝しています

桝田工務店が、注文住宅を始めたのは、桝田さんが代表に就任した平成12年からだ。

平成14年にはグループ会社として株式会社コア建築デザイン事務所を設立し、桝田さんは工務店と設計事務所の代表者として活動している。

「設計者とお客様の間に人を挟めば挟むほど、思いや細かな要望が伝わらなくなります。当社では、設計者がお客様と一緒になってこの色が良いか、このデザインが良いのかを共に悩みます。だからこそ、完成した時に一緒に喜び、感動し、涙する者もいるんです。涙を流せるような家づくりという仕事を、お客様と一緒にさせていただけることに感謝します。注文住宅という仕事の素晴らし

⑧狭小間口の中で最大限広く感じるように、生活動線に注意して設計。⑨温かみのあるカフェスタイルの住まい。狭小感を感じさせない明るく開放的なクラフト感あふれる空間。⑩もともと長屋だったとは想像できない存在感のある、こだわりがつまった外観

5段階評価

災害などによる耐久性	★★★★★ 4.9
経年による劣化耐久性	★★★★★ 4.9
経験値／ライセンス	★★★★★ 4.9
省エネルギー性	★★★★★ 4.8
施工能力・柔軟性	★★★★★ 4.9

代表取締役
桝田佳正

㈱桝田工務店

●代表者　桝田佳正
●所在地　大阪府大阪市阿倍野区阪南町3-20-6
●電　話　06-6621-6896
【昭和町駅前支店】
大阪市阿倍野区昭和町2-1-27
橋本ビル3・4階
06-6624-5180
●設　立　昭和48年12月
●事業内容　総合建築請負（設計・施工・管理）
●建築工法　木造在来工法、鉄骨造
●施工地域　大阪府、兵庫県（一部エリアを除く）
http://masuda-coa.co.jp/

さに感動し続けているんです」
お引き渡し後のメンテナンスを含め、お施主様の家を守っていくことが「使命であり、この仕事への恩返し」と、桝田さんは語った。

お客様の声

難しい相談にも、真剣に向き合ってくださり、「これ以上ない」という提案をいただきました。

●とにかく社長さんを筆頭に、スタッフの皆さんが丁寧で、安心して家づくりができました。

いろんな家を見たり、雑誌を見たりして「イイなあ」と思ったものを切り抜きのスクラップにして設計士さんに渡しました。設計士さんはこちらの話を親身になって聞いてくださりました。スクラップブックも活用してくださったので、さらに言葉だけでは伝えきれない部分もうまく伝わったのではないかと思います。

デザイン力もとっても高いと思います。要望をほぼ叶えていただきました。120点の満足度の家です！

（F様）

●桝田工務店は「人」が本当に素晴らしかったです。働いている皆さんの人柄が仕事に現れていると思います。社長の考え方がとても素晴らしく、その考えのもとに、家づくりを可能にしていく社員さんや、関係者の方々の力も素晴らしいです。

家づくりの知識を本などから学んではいましたが、偏っていたり、誤っていたりすることも多かったと思います。そんな時にもすぐに相談することができました。どんな悩みも桝田工務店に相談するといつも解決しました。難しい相談にも、真剣に向き合ってくださり、毎回「これ以上ない」と思うような解決策を導いてくださいました。

家づくりに本当の自由があり、どの過程でも楽しく感じられました。引き渡し式は涙・涙で、家族の一生の思い出になっています。

（K様）

●家を建てる前に思い描いていたよりも、見た目も使い勝手もとても良い家が完成しました。安心感があり、丁寧な対応で「お任せできる」と感じました。

大工さんをはじめとした職人の皆さんの技術力も高く、建築中、何度も足を運ばせていただき、家を作る過程も楽しむことができました。

1カ月、住んでみて後悔も不満も全く感じていません。何度も繰り返し打ち合わせをしましたが、「こうしたい」という漠然とした希望を伝えると、プロの視点でアドバイスしてくださり、想像よりも住み心地の良い家が出来上がりました。じっくりとお付き合いくださったことに心から感謝しています。

素晴らしい設計図そのままの家が、職人さんの技で出来上がったことを今でもすごいな、と思っています。

（S様）

ぜひ一度ご相談ください！納得の価格で、快適・健康的なあなただけの家を造ります。

有限会社 小野工務店・カナエホーム（大分県中津市）

地元で愛され33年、多くのお客様の声が信頼の証となる

　小野工務店・カナエホームの小野社長に、余暇の過ごし方を尋ねたところ、即座に「やっぱり仕事をしていますよ（笑）。現場回りをしていないと落ち着かない」という答えが返ってきた。大工職人として現場で仕事を続け、社長となった今もやはり家づくりが生きがい。生粋の仕事人間と見た。そんな小野社長の家づくりのモットーは、「お客様に合ったよい家をご提供すること。お客様と一緒に、家づくりを行うこと」だと言う。施主が納得できる価格で、しかも快適で健康に過ごすことができる家を造ることが、小野社長の目指すところだ。施主やその家族に決して後悔させない家づくりが、自分の使命だとも言う。

　こんな小野社長の思いを裏付けるように、お客様からは多くの声が寄せられている。たとえば地元中津市にマイホームを建てたTさんは、「土地や資金面で小野さんに相談できたことはラッキーでした。安心して任せられました。住んでからも、来る人に〝檜の香りがいいね〟と言われるほど、自然の木の感触を楽しめる家になり、気分も癒され実に快適です」と話す。また、以前は賃貸で暮らしていたという地元のKさんは、「家賃として同じお金を払うなら、やはり一軒家を持ちたいと社長に打ち明けたところ、願いが叶いました。一番感心したのは〝断熱がスゴイ〟こと。冷暖房の効き方が以前住んでいた家と全く違いました。それと、木

国道に面した工場兼店舗。店舗からは外に出ないで2階の居住スペースに上がれ、来客もすぐにわかります。テラスでは食事もできるように。木とシラス壁を使った店舗は、空気がきれいと評判です。シンボルの煙突は、工場の煙が出るようにしています

の感じ！　木は自然で柔らかく、見た目もいいし、木の香に包まれているのは魅力的」と、話してくれた。
まだまだお客様の話は尽きないが、それら話の内容を要約すると、小野工務店の家づくりの特長、小野工務店ならではの魅力が見えてくる。

自然素材を活かした木の家は冬暖かく、夏涼しく、しかも高い強度を保つ

同社の家づくりの特長は、次の6点に集約できる。
◎自然素材を使う
◎外断熱工法を採用する
◎高耐震とする
◎頑強に造る
◎防音とする
◎省エネに徹する
特に自然素材と外断熱は外せないポイントだと小野社長は言う。

「私がお勧めするのは〝木の家〟です。自然素材である木を存分に活かして家を建てること。私どもでは、たとえば建物の荷重を支える部材である桁には18センチ以上の木材を使っています。見た目はもちろん、強度も保てるからです」

設計士がプランから材料までこだわったゼロエネ住宅。キッチンも手づくりで、平屋なのに2階は収納スペースが十分。屋根と床はネオマフォーム、壁は高性能グラスウール105ミリで作っていますから、家の中の温度は常に一定に

自然素材に関して付け加えれば、同社が手掛ける壁の素材には「シラス」が採用されていることだ。シラスは自然素材でさらさらとした砂のような粒子状で、一般的な珪藻土などと違って採取に手間がかからず、粉砕工程も不要。同社が使う高千穂のシラスは、製造工程で大きなエネルギー消費もなく、地球環境への負荷が少ないエコ建材でもある。

「シラス壁のいいところは、熱伝導率がモルタルのおよそ6分の1程度。ですから、優れた断熱・保湿効果を発揮し、冷暖房効果をアップさせることでエネルギー消費を抑えることができます」と、小野社長。

さらにこのシラスは内壁にも活かされている。その理由は、消臭・調湿、マイナスイオンの発生により、人口では決してつくり出せない、大自然の神秘的な力が快適で健康的な住環境を生み出すからだという。まさに自然素材ならではの優れた効果と言える。

外貼り断熱工法で、万全な家づくり。省エネでエコロジーにも貢献

住宅を建てる場合、断熱材を柱と柱に入れる内断熱が一般的だが、小野工務店では、柱の外側から断熱材を貼る外断熱工法を採用している。そのメリットとして、「結露に悩まされない」「家中どこも暖かい」「冷暖房の費用を低く抑えられる」「嫌な寒さ、暑さを感じない」「部屋の中で快適に過ごすことができる」などがあげられる。小野社長は続けて、「しっかりと断熱された家は、家全体が1つの部屋のように、暖房をかけていないところまでも暖かくなるのです。九州とはいえ、当社が担当する地域は、冬は結構冷え込みます。この工法は、

地域の気候に合った最適なものと言えるでしょう」と話す。

外断熱に加え、オール電化システムや24時間換気システムを併用することで、節約を意識することなく自然にエコな暮らしが実現すると小野社長は考える。家づくりにおいて、見えないところまで神経を使い、建てた後の暮らしぶりまで想像して住む人が主役となる本当の家を造ろうとする、小野社長の家づくりに対する真摯な態度が感じられる。

お客様の考えやライフスタイル、ライフステージに合った家づくりを具体的にご提案

小野工務店では、お客様にもっと家づくりを身近に感じてほしい。そしてお客様の考え方やライフスタイルに合った家づくりをしてほしいとの願いから、〝フルオーダーの家〟や〝コンセプトハウス〟などを提案している。フルオーダーとは、まさにお客様が描く理想の家を思い通りに実現する、木に囲まれた贅沢な完全オーダー住宅。一方、無理のない予算で、しかも住む人の個性が感じられる家を建てたいというお客様の切な

子どもたちがロッククライミングでも上がれる2階。以前は、家族みんなが冬になるとせきが止まらなかったのに、この家ではそんなことがなくなりました。太陽光発電システムなので、光熱費はかかりません

5段階評価

項目	評価
災害などによる耐久性	★★★★★ 4.7
経年による劣化耐久性	★★★★★ 4.7
経験値／ライセンス	★★★★★ 4.9
省エネルギー性	★★★★★ 4.9
施工能力・柔軟性	★★★★★ 4.8

小野社長

㈲小野工務店・カナエホーム

- ●代表者　小野政文
- ●所在地　大分県中津市加来2283-333
- ●電　話　0979-32-2846
- ●設　立　平成8年4月8日
- ●事業内容　木造建築、土木
- ●建築工法　外断熱工法
- ●施工地域　中津、宇佐、高田、豊前、行橋、日田、玖珠、大分、小倉

http://www.kanae-home.com/

る願いから生まれたのが、コンセプトハウスという考え方。セミオーダータイプで、表情豊かな6つのスタイルと、暮らしに合った180のパターンから間取りを選ぶことができる。こちらは子育て世代のお客様から好評だ。お客様とは家族のような関係を築きたいと願う小野社長は、こう続ける。「お客様とは、家を引き渡してから本当のお付き合いが始まると思っています。そんな関係を末永く大切にしていきたい」と。

社名に掲げた〝カナエホーム〟とは、お客様の家づくりの夢を叶えたいという、小野社長の思いだ。

お客様の声

外断熱で自然素材を使った家は快適で健康的。私は小野工務店さんをお勧めします。

●小野工務店さんは、インターネットのサイトで知りました。ホームページを見て、ここなら相談に乗ってくれるのではと、直接、小野社長に連絡しました。実は、以前からあるハウスメーカーと話が進んでいたのですが、いまひとつ納得できずにいたところでした。小野工務店さんは、木にこだわり、自然素材を活かした家づくりを行っている、その点でも私の考え方にピッタリ! さらに資金面の相談にも、真剣に乗ってくれ、最善を尽くしてくれました。結果的には、家族が納得いく家を建てることができました。本当に、小野社長には感謝しています。（M様）

●寒さの厳しいところに住んでいたので、家を建てるなら〝わが家は絶対に外断熱にしよう〟と、決めていました。そこで経験豊かな小野社長の説明を聞き、建てる際の素材選びや工法に納得できたのでお願いしました。予算の関係で、妥協しなければいけないところも出てくると覚悟していましたが、小野社長は予算内でこちらのわがままや願いも聞いてくれました。そして今、外断熱の家にしてよかった! 冷暖房の効きがよく、窓に結露もほとんどできず、本当に快適に暮らしています。（K様）

●小野社長が力説されていた、自然素材を使った家づくりに感銘を受けました。やはり家は家族の健康を守れるものでなければいけないと感じました。というのも、子どもが喘息で何度も入院しているので、健康に住める家で子育てがしたいと思っていました。しかし、自然素材の家はどこも予算オーバーで諦めかけていました。ところが小野社長に出会い、夢が叶いました。入居するとすぐに子どもの喘息の発作も出ずに元気に過ごすことができました。さらに小野社長の勧めで太陽光発電の設備を付けたことも正解でした。今まで電気代より売電の金額の方が多くなり、家族に節電の意識も高まりました。（O様）

●建替えをしようと小野社長に相談したところ、あっという間にステキな家が建ってしまった! 私たち家族は3世代同居。小野社長は家族全員をご存じなので、気持ちや好みを把握され、みんなが納得できる新しい家になりました。小野工務店さんとは、これからも長いお付き合いになりそうです。（T様）

大工職人の腕と技術が創り出す 無駄な出費を抑えた 高断熱・高気密の高性能住宅。

有限会社 アトリエイマジン（山形県鶴岡市）

お客様の価値観を理解してベストな提案をする家づくりの基本です

「私が2、3歳の時、私の住む集落の公民館の建て替えをしていて、父親が屋根の上で母屋を取り付けているところ見ました。父は大工の棟梁だったのです。その光景は、いまでも鮮明に覚えています。父ちゃん、かっこいい！ 素直に思いました」

そう語るのはアトリエイマジンの渡部芳幸社長。大工という職業を初めて意識した大切な思い出なのだろう。その記憶はずっとこころの片隅にあり、父親と同じ道を歩むことになった。

いや、渡部社長が父親の仕事を見て胸に刻んだのは、大工のカッコよさだけではなかった。自分が手がけた家の前を通る時に、それを今度は自分の子どもに自慢できるか、ということだったという。決して恥ずかしい家づくりをしてはいけない。常にそれを自問しながら今日まで家づくりに取り組んできた。それは大工としての矜持だ。

そんな渡部社長にとっての良い家とは、どのような家なのだろうか。

「お客様が住みたい家は、それぞれ違います。生まれた環境が違う。家族構成が違う。趣味が違う…。10人いれば10通りの求めるものがあります。それが価値観です。私たちの仕事は、お客様の価値観を理解したうえでベストな提案をし、家づくりをすることです」

施主のこだわりが強すぎるあまり、それがカタチとなった時に、実際の住み心地はどうなのかと他人事ながら心配になる。

「お客様がメリットとデメリットを理解したうえで家づくりをされるのが、結果的に、その人にとって満足のゆく、良い家になるのだろうと思いますね」

過剰で高価な建材を用いなくても高断熱・高気密の家は造れる

アトリエイマジンでは、木造在来工法での施工を行っている。いわゆる伝統工法であり、日本の気候風土には最適の工法と言われている。

近年、中古住宅をリフォームする家が多くなってきているが、増改築が容易なのも在来工法のメリットだ。長く住むには、その時代や家族構成の変化でメンテナンスや増改築が必要になる。ハウスメーカーの提供する家やツーバイフォーなどはリフォームがしにくいことはよく知られている。さらに言えば、変形地や狭小地での建築に対しても在来工法が明らかに優位だ。

「在来工法は、特別な工法ではないからこそ、当たり前のことを当たり前にするだけなのですが、しかし、これが難しいとも言えます。例えば、築

ファザードポーチが備え付けてある外観。雪国では冬季の積雪を考えると生活の上で重要な要素となる

解放感いっぱいの吹抜けがあるリビングは高断熱・高気密だからこそできる空間である。上部にあるファンが室内の温熱を均等にする

大工職人が在籍している工務店だからこそできる壁一面可動棚仕上げ。既製品には無いオリジナルの仕上げ

30年～40年の家に住んでいる方がよく『うち、寒いのよね…』と言います。これには原因があって、建築当時の業界の断熱に対する意識の低さ、あるいはそもそも知識が無かった職人が少なからずいたことが影響しているのです。昔、大工見習いの頃、よく職人に言われました。『断熱をすると柱や土台が湿気で腐ってしまう』と。これは根も葉もないデタラメです。そんな職人に建てられた家では、当然のことながら寒い」

ところが、高断熱・高気密住宅が良いかというと、必ずしもそうではないと、渡部社長は言う。

「徹底した高断熱・高気密住宅は、お金をどんどんかければ簡単にできます。しかし、はたして山形県鶴岡市で、北海道と同レベルの断熱が必要か、と。必要はないです。そもそも、大工職人が断熱に対してのしっかりとした意識と技術を持ってさえいれば、過剰で高価な建材を用いずとも高断熱・高気密の家は造れる。もちろん、アトリエイマジンにはそれができます」

いままで、冬が暖かいと喜ばれこそすれ、寒いと苦情を言われたことは一度もないそうだ。職人の腕、技を侮ることなかれ、である。

玄関正面を壁が道路からのプライバシーを確保すると共に、風除室の役割も果たす

地元の木で造る家には
地元の木で造る家具が合う。
一点一点を手造りで

アトリエイマジンは大工職人が中心の会社だ。木に関することであれば自前で加工する。現在はその技術を使い「MOKU工房」という家具の独自ブランドを展開している。

「無垢の家に似合う家具が見つから

お客様の声

冬は暖かく、夏は涼しく、本当に毎日快適に過ごさせていただいております。先日、30度を超えた日も、家の中はびっくりするほど涼しかったです。この冬、1階の寝室は一度もエアコンを使わず、しかも電気毛布を使う日がありませんでした。習字教室の子どもたちが通学していることも気づかないほど外の音も遮断されて静かです。（Y様）

5段階評価

災害などによる耐久性	4.7
経年による劣化耐久性	4.6
経験値／ライセンス	4.6
省エネルギー性	4.8
施工能力・柔軟性	4.9

渡部社長

㈲アトリエイマジン

- 代表者　渡部芳幸
- 所在地　山形県鶴岡市大宝寺字中野142-7
- 電　話　0235-25-5508
- 設　立　平成17年11月25日
- 事業内容　木造住宅、設計・施工・リフォーム、家具製造販売
- 建築工法　木造在来工法
- 施工地域　山形県庄内地方（鶴岡市・酒田市・庄内町・三川町・遊佐町）

http://www.atelier-imagine.jp/

上／リビングに置かれたソファーやテーブルは、アトリエイマジンの家具ブランド「MOKU工房」で造られた家具。全て一点物。中／大工職人さんがつくった洗面化粧台。下／丸太の柱、梁で造られたインナーガレージ

ないとか、一枚板の天板は高いからという悩みにお応えして自社で製造・販売をしています。地元の木で造る家に、地元の木で造る家具。もちろん一点一点手造りでオーダーにも対応しています」

アトリエイマジンでは、家づくりの中でいちばん大きなウエイトを持つ木工事は外注をしない。なぜなら、木工事こそが家の性能、出来の良し悪しを左右するから。自社大工だからこそ施工上必要な技術が均一になる。自分の家が、誰がつくったかわからないということがないように、である。

渡部社長は先に、「自分が手がけた家の前を通る時に、自分の子どもにそれを自慢できるかを自問する」と話したが、それに次の言葉を添えた。「この街のいたるところにある建物や住宅にはそれぞれの物語があります。私たちは、その物語の1ページをお手伝いできる。一生懸命に良い仕事をしたいじゃないですか。それが私たち大工の幸せなのです」

安心・安全・健康を願って！プランニング、基本設計を重視し、最強の工法で家を造ります。

松本カーサ設計室（長野県松本市）

①子どもたちとコミュニケーションをとれるようリビングのセンターにキッチンを配置。ランドリーとキッチンを隣接させることで家事を効率的にこなせる設計

②③家族の想いに合わせてキッチンも様々に設計される。④構造計算が必要とされる3階建てはもちろん、2階建てや平屋まで許容応力度計算による耐震性の高い安心な設計を行っている

子どもたちを念頭に、建築プラン、設計段階から、最適な住環境をご提案

会社名に「松本カーサ設計室」とあるが、工務店でありながらあえて“設計室”と掲げたところに、贅田社長の家づくりに対する強い意志、姿勢が見て取れるように思う。

「安心・安全」で、しかも長期にわたって快適に住むことができる家を造ること。それには確かな信念と独自の思想にもとづいたプランの立案と基本設計が、必要になると贅田社長は考えている。そこに同社が他社と一味違った家づくりを実践してきた秘密があるのだろう。

贅田社長は、20余年間に、大手住宅メーカーや国内トップクラスの高気密・高断熱のビルダーの建築を請負ってきた。その数はゆうに170棟を超えている。建前などの応援に至っては、数十社に及ぶ現場を経験している。その現場主義に徹した経験をもとに、平成23年に自らの会社を設立。さらに5年後には設計事務所としての登録を追加した。そんな家づくりにかける情熱が社名に表されており、これまで手掛けたすべての家のお客様からも厚い信頼を勝ち取ってきたのだ。

贅田社長の建築への思い、ポリシーとはどのようなものか、あらためて聞いてみた。

「人は、環境に左右される。特に子どもの成長過程、人格形成には環境が大きく関係します。そこで私は、プランニング、設計段階で親と子、家族のみんなが自然とコミュニケーションを図ることのできる環境を意図的につくり出すようにしています。その家はまた、子どもの成長に対応できる、住みやすい住宅であるとも考えています」

子どもが両親の存在感や価値観を感じることができる家。それこそが子どものコミュニケーション力を高め、育てることができるのだと贅田社長は考える。そのような理想的な住環境を整えることで、社会的な問題となっている引きこもりや、ニートといったことも回避できるのではないかと考えている。設計段階から子どもや家族の未来をしっかりと描いて家づくりに徹することが、贅田

⑤子どもたちを育てる環境は、自然然素材などを採り入れ、穏やかな優しいデザインに仕上げる。⑥⑦無垢材を使ったキッチンは、とても明るく人気である

社長の強い信念であり基本姿勢なのだ。そういえば、社名の〝カーサ〟はラテン語系の言語で〝家〟を意味するが、他にも〝家庭〟〝家族〟などの意味も含まれている。

社長自ら太鼓判を押す木造軸組APS工法は、強度、耐火、気密に優れる

多くのお客様が、贄田社長に対して〝プロ意識の強い建築屋〟〝家づくりの頼れるプランナー〟といった印象を持っていると聞く。そんな贄田社長が、こう続ける。

「名前ばかりで品質が伴っていなかったり、デザインはいいけれど断熱性能が低かったり、あるいはプランは素敵だけれど耐震性に問題があり、ハード面での性能も低かったりと、そのような家を見かけることが多いです。品質の割に価格が高かったりするのも気にかかる。私は高い性能を担保した上で、はじめて安心したデザインや自由なプランが生きてくると考えています。価格もバランスをとることが必要。例えば予算に合わせながら高気密・高断熱の対応を万全にすることもできるのです」

松本カーサ設計室では、最適な工法として、「木造軸組APS工法」を提案する。この工法は、在来軸組工法と金物工法の利点を融合させたもので、贄田社長が「大工・設計として、私が知る限り最強の工法」と折り紙をつけるように、現在の日本では木造建築の接合部の強度や、耐火性・気密性において右に出るものはないと言われている。

「この工法により、プランニング時から許容応力度計算を行い、常に耐震等級3をクリアできるように打ち合わせていきます。地震ばかりか、火災にも強く、施工性も抜群。万が一の時に、ご家族の生命を守るのはもちろん、避難から帰宅しても住み続けられ、生活を守ることができる家を目指しています」

お客様の声

子どものことを第一番に考えた家が建てられて、家族みんなが満足しています。望んだ以上の出来栄えです！　（I様）

将来、住宅ローンは払い終えても光熱費などは一生払い続けなければなりません。そんな心配をよそに、30年後の光熱費を抑え、暖かで健康的な生活のできる家を造っていただきました。本当に感謝しています。（S様）

5段階評価

災害などによる耐久性	★★★★★ 4.9
経年による劣化耐久性	★★★★★ 4.8
経験値／ライセンス	★★★★★ 4.9
省エネルギー性	★★★★★ 4.9
施工能力・柔軟性	★★★★★ 4.8

贄田社長

松本カーサ設計室

●代表者　贄田謙二
●所在地　長野県松本市笹賀7397-3
●電　話　0263-31-3948
●設　立　平成5年
●事業内容　新築住宅設計・施工
●建築工法　木造軸組（APS工法）、トラス併用木造軸組工法
●施工地域　長野県中南信地域
http://www.matsumotocasa.com

⑧⑨⑩デザインはあくまでお客様のご要望に寄り添いアドバイスする。イメージを聞き取り、デザインを形にしていく。明るく、自然を感じる演出の提案も松本カーサ設計室の得意としているところ

材料にもこだわって、施主の思いをカタチに。業界紙なども評価

では、トップクラスの工法として木造軸組APS工法に使われる材料はどうか。実はここにも贄田社長の強いこだわりがある。

「性能、価格などを一つひとつ検証し、それぞれのお施主様のご要望に合った材料を吟味しています。また、標準でご提案している設備では、全国のネットワークで共同発注している部材を使っていますから、とてもお得な価格でご提供できます」と、贄田社長。

この確かな材料、部材選びは業界でも定評があり、メーカーからの取材があったり、視察が来るほどという。さらには建築新聞などの業界紙にも度々取り上げられている。

贄田社長は、高品質を維持し、価格を極力抑えるために、打ち合わせから、発注、各種事務手続き、構造計算を自ら行うのをはじめ、時には現場で大工としても活躍する。肝心なところは人任せにできない、根っからの建築屋。施主の傍らにいて、住宅ローンの組み方から、新しい家での暮らし方の相談にも乗ってくれる人なのだ。

「本当に良い家を建てたい方は、ぜひご連絡ください。納得いくまでお話しします！」と語る贄田社長は、施主の期待を絶対に裏切らない、家づくりの強い味方、頼れるパートナーでもあるのだ。

自然素材と建築工法へのこだわり。自社職人が最初から最後まで、一棟一棟、真剣勝負で取組みます。

有限会社 矢島建築（長野県飯田市）

地域に根ざした工務店。木を知り尽くし、技術を極めた職人集団が対応

子どもの頃から木工や粘土細工に夢中になっていた。プラモデルを作ったり、絵を描くことも得意だった。中学生になると、建築現場で職人たちが働く姿を飽きることなく眺めていたという。このような矢嶋社長の〝ものづくり〟への興味と理解は、大工であり、矢島建築の創業者である父親の職人としてのＤＮＡを確実に受け継いだものに違いない。

長じて、愛知県内の工務店などでしっかりと修業を積み、二級建築士、一級建築施工管理技士、そして宅地建物取引士などの各種資格も堅実に取得。そして、ものづくりの師である父親の跡を継いで矢島建築の社長に就任したのは、平成21年5月のこと。経験豊かな矢嶋社長の家づくりに対する強い信念は父親譲りだ。

「家はそこに暮らす家族の健康や幸せを左右します。お客様の家づくりを任せていただくということは、お客様の将来、未来にまでも関わらせていただくということだと思っています。その責任の重さを感じています」と、真摯に語る。つまり一棟一棟が真剣勝負。全身全霊で家づくりに取り組むことが、矢嶋社長の仕事のモットーになっている。

この社長の家づくりに対する思いを確実にカタチにしていくのが、矢島建築の社員である大工や職人たち。確かな腕を持ち、勤続年数も長く気心の知れたチームワーク抜群の専門家集団だ。

「お客様がお望みの理想の家にご満足いただくため、施工にあたっては、当社の施工・工法を十二分に理解している大工・職人が、最初から最後まで一貫して行います。どの家も手を抜くことなく同じように施工をするため、品質の均一化が保たれ、造り手の顔が見える家づくりが実現できるんです」と、矢嶋社長は胸を張って、わが街に根ざした工務店ならではの優位性を主張する。

自然素材である木を使い、軸組在来工法で丁寧につくるから安心・安全

矢島建築では、日本の気候風土に合った建築材料である木を使い、軸組在来工法で家を造ることを基本としている。その理由を矢嶋社長は、「将来の家族構成の変化や、耐震基

天然の無垢の木を使った室内は、木の表面で和らげられた目にやさしい光と、部屋の湿度を吸放出する木独特の効果により、気持ちの良い空気と香りに満たされます。手触りも良く、小さなお子様にも安心で大人もリラックスできる空間に会話も弾みます

準の改正にも柔軟に対応できる住宅とすることができるからなんです。特に日本は地震国。風水害などの自然災害も決して少なくありません。そのような中で、家の役割はそこに住まうご家族を守ることです。さらに、もしもの時の被害を最小限にくい止め、少ない修繕で、いち早く普段の生活を取り戻すことも求められます。そのためには、木造在来工法が最も適した建築工法なのです」

矢島建築では、新建材と呼ばれる石油化学製品や自然素材に似せた材料で造った家による健康被害を憂い、

ダイニングから行き来できるアウターリビングで週末はBBQ？
希望の間取りや外観、室内の雰囲気もお客様一人ひとりの想いを叶えられるのは注文住宅ならでは

自然素材である木の香りや空間が生み出す憩いと癒しの場を大切にしたいと願う。矢嶋社長が主張するように、木は独特な質感や風格を醸し出す以上に、耐久性・耐震性に優れ、住む人の健康や安心・安全を約束し、しかも地球環境の面からも優れた素材。つまり日本の住宅に最もふさわしい素材であると言える。

矢島建築では木を重視する。柱は国産の檜を使用。それを支える土台には、強い防腐性と耐蟻作用を持つヒバや檜を用いている。さらに梁や桁には、粘り強さと柔軟性を兼ね備えた米松を使うといった念の入れようだ。木や素材を知り尽くした矢島建築ならではの厳しい選択だ。同社のそんな思いに、「木の香に癒され、安心できる」「住んでみて、矢嶋社長の言っていたことが本当だと実感できた」そして「リフォームの時も矢島建築にお願いしたい」という、多くのお客様の声が寄せられている。

信頼関係を大切に。日常のメンテナンスなど、きめ細かく対応

半世紀近い矢島建築の歴史の中で、

好きな音楽をBGMにトレーニングできるプライベートジムや、脚を伸ばしてリラックスできる掘り炬燵のある和室——といった贅沢な時間を楽しめるのも自由設計注文住宅の良いところ

一番大切にしていることは何だろう。それは、何といってもお客様との信頼関係だと言える。決して一時的なものではなく、長くお付き合いを続けていくための太い絆。そういう意味からも、同社では建築現場をお施主様にもじっくり見ていただくとともに、また、一般のお客様に向けた見学会を頻繁に開催している理由もそこにある。ありのままを見て体験し、知っていただくことが、正しい家づくりの基本になると考えているからだ。

「私たちはお客様のご要望により、土地探しからその取得、住宅ローンのご相談、そして実際の住宅建築の一部を体験していただくなど、親身になったお付き合いをさせていただいています。それが私たちの考える信頼関係です」と、矢嶋社長。

家は完成したから終わりというわけではない。暮らしの変化や年月の経過で、手入れをしながら住み続けていくものという観点から、同社では多くのリフォーム、メンテナンスメニューを揃えてお客様にご提案している。

「私たちは、お引き渡しした家に不都合など生じれば、簡単な道具を持参して訪問調査し、多少の調整ならその場で即座に対応しています」

こうした細やかな気遣いが、多くのお客様の信頼を得るのだろう。

お客様の声

○住みやすい家とは何か、といった基本的なことから、土地探しやローンの組み方まで、一から十まで相談に乗っていただき、ありがたかったですね。矢嶋さんに会わなければ、家なんて建てられなかった！　（Y様）

○設計段階からわかりやすく説明してくれました。思った以上の家ができてうれしいです。

（H様）

5段階評価

災害などによる耐久性	★★★★★ 4.7
経年による劣化耐久性	★★★★★ 4.8
経験値／ライセンス	★★★★★ 4.9
省エネルギー性	★★★★★ 4.7
施工能力・柔軟性	★★★★★ 4.9

矢嶋社長

㈲矢島建築

●代表者　矢嶋正康
●所在地　長野県飯田市東和町3-5267-4
●電　話　0265-24-8923
●設　立　昭和45年
●事業内容　注文住宅、増改築・設計事務所・宅地建物取引業
●建築工法　木造軸組在来工法
●施工地域　長野県南信地域
http://www.yajima-kt.com

施主が建築家とつくる「夢の家」。防犯面まで考慮してカタチになる。それが強みの工務店です。

株式会社　マブチ工業（静岡県浜松市）

中庭から光を採り込むLDK。昼と夜で全く異なる空間に変わり、明暗の美に落ち着く

職人による丁寧な技で お客様が描いた夢を 心を込めてつくり上げる

静岡県のマブチ工業の特徴は、建築家との家づくりができる点だ。もともとゼネコン工事を得意としていた同社が家づくりも始めるようになったのは、建築家のネットワークASJと、マブチ工業の代表取締役である馬渕正利氏の出合いだった。

「ASJでは、期間や回数の制限なく建築家と理想のプランを練ることができます。私自身が体験して『これは面白い』と思いました」

自分が感じたワクワクとした気持ちを、家づくりを考えるお施主様にも感じて欲しい――そんな思いからマブチ工業は建築家との家づくりに取り組み始めた。

マブチ工業では、施主一組ごとにコンシェルジュが付く。コンシェルジュは資金計画、土地探し、パートナーとなる建築家の紹介、打ち合せ、積算、施工、アフターメンテナンスまでを一貫してサポートする。家づくりの相談は、施工例を備えたギャラリーでもあるマブチスタジオで行われる。このスタジオにはキッズスペースや授乳ルームも用意されており、家族みんなで訪れることができる。

「お客様に家づくりを楽しんで欲しい」という思いはこんなところにも表れている。

「当社の家づくりにおいて、こちらの都合や思いをお客様に押し付けることはありません。お客様の思いをたくさんお聞きし、そのご家族にぴったりの家を造るべく、フルオーダー、セミオーダー、セレクションなど、様々な施工方法のラインナップをご用意しております」

造りたい家のイメージが漠然とし

ダイニングキッチン部分の吹抜け、リビングの中庭、手前の玄関ホールの吹抜けと、時刻の移ろいと共に3段階で光が差し込むLDK。外観壁の横張りのガルバリウム鋼板は職人が一枚一枚手作業で加工した入魂の作

ていても構わない。そのイメージをもとに、マブチ工業が建築家と施主の間をつなげてくれる。

「家に対する夢や希望、未来を共に分かち合いながら、『世界で一つだけの家』づくりをお客様と共に行っていきたいのです。耐震性、耐久性のほかに防犯面までの安全を考慮して、私たちがカタチに仕上げていきます」

マブチ工業が誇る高い品質。その礎はゼネコン工事の実績から

マブチ工業の安全意識は、30年以上に及ぶゼネコン工事で培われた。

「かつて私はバイクレーサーを目指していました。この道に入ったのも『バイクのメンテナンスに役立ちそうだな』という動機で溶接工のアルバイトをしたことがきっかけです」

そう馬渕氏は振り返る。その流れもあり、同社は設立当初から、大手ゼネコンの工事を請け負うことが多かった。

「ゼネコンの仕事は厳しい基準のもと、多くの業者とわたり合い進めていきます。その過程で安全と品質へ

2つの中庭のある平屋のガレージハウス。ポーチとガレージを木の格子戸で装った情緒豊かな外観の住まいは、住宅街にあるとは思えないほど開放的な大空間。周囲からの視線を気にせず過ごせるよう、窓の位置や高さが緻密に計算されている。家事動線だけでなく、パントリーやサンルーム、防音室などの要素も予算内ですべて実現した

のこだわりが身につきました。当社ではどの現場でも、施工レベルがしっかりと統一されるよう施工品質標準手引書を作成し、クオリティ管理をしています。また、社内でも勉強会を実施し、知識のみならず意識の向上を図っています」

同社では、自社と建築家に加え、第三者機関による品質チェックも実施している。

「チェックを通り過ぎても、お客様に引き渡してからが本当の検査です。お客様が住んで満足してくださるよう、心を込めて施工させていただきます」

仕事はとにかく〝正直に〟取り組むこと。「手を抜けばすぐに品質に現れます」そう、馬渕氏は繰り返す。

家族を守るために工務店ができることに真摯に取り組む

建築物の素晴らしさを表現するための数値データはさまざま存在する。しかし、馬渕氏は数値に現れない部分にある価値を意識する。

「構造や断熱などの数値はもちろん担保します。その上で数字に見えてこない住みやすさ、快適さがあるのが大事です。例えば『安全』という言葉には、家の強度だけではなく、防犯面も考慮する必要があると考えています。それができてこそ、『本当に安全な良い家』と呼べるのではないでしょうか」

馬渕氏が思う〝建築業者としてのあるべき姿〟は「お客様の思いを形にするのはもちろん、お客様ご自身が気づいていないような要望・願いを引き出して、+αのご提案をプロの立場でしていく」というもの。プロからの+αの提案のひとつには「安全」も含まれる。馬渕さんは、その「安全」を学ぶために、社員2人を伴って3年もの間、毎月東京の防犯学校へ通い続けた。

「防犯対策として、泥棒の練習のようなこともしました(笑)。雨どい一つを工夫するだけでも、家には忍び込みにくくなるんですよ」

現在、マブチ工業は「日本防犯学校浜松支部」となり、防犯セミナーを定期的に開催している。さらに「工事をすれば、地域や近隣の皆様に間接・直接に迷惑をかける。何かがあったときには地域にその恩を返したい」と、自社を災害対策施設として利用できるように設備を整えている。これは、東日本大震災発生時、10日後には支援のために現場に入り、そこで感じた「工務店として、頑丈な家をお客様に提供する以外に、地域の方や社員が不安な時に寄り添う方法はないだろうか?」という思いもあったという。これらの活動により、今年の1月には浜松市から「企業の社会貢献(CSR)活動表彰」の優秀賞を受けた。

家とは「家族を守るもの」だから、その家を施工する地域も大切にして、お客様や地域の心に寄り添う。地域密着型工務店のマブチ工業だからこその思いだ。

お客様の声

マブチさんの相談会で初めて建築家と話ができ「夢が叶いそうだ」と思いました。ゼロから一緒に考える家づくりは本当に楽しくて仕方なかったです。子どもの巣立ったあとの人生の方が長いし、子育て目線の家にはしたくないと思っていたのですが、そんなイメージをうまく汲み取ってくれ、理想以上の家になりました。　（S様）

5段階評価

災害などによる耐久性	★★★★★ 4.8
経年による劣化耐久性	★★★★★ 4.6
経験値／ライセンス	★★★★★ 4.8
省エネルギー性	★★★★★ 4.8
施工能力・柔軟性	★★★★★ 4.8

㈱マブチ工業

●代表者　馬渕正利
●所在地　静岡県浜松市北区三方原町626-3
●電　話　0120-17-2347
●設　立　昭和58年10月
●事業内容　注文住宅、リフォーム、大手ゼネコン大型建造物建設工事下請負事業
●建築工法　木造、鉄骨造
●施工地域　静岡県西部
http://mabuchik.com/

地元、京丹波の自然と調和した木の香りにあふれた家。住まうお客様とこの地を大切に。

有限会社　藤岡工務店（京都府南丹市）

木造平屋建ロフト付。床、壁、天井と、木の温もりに包まれながら念願の薪ストーブを中央に備え付けた開放的なリビング

木の特性を知り尽くして、その魅力を引き出した、安全・安心な家づくりを

里山広がる京丹波エリアを施工地域とする藤岡工務店。「家」と「自然」の調和を大切に、気候風土を意識した素材選びから、設計・施工までを一貫して行っている。

「社内で行うことで、適正価格と高品質の両立ができます」

代表の藤岡裕英氏はそう語る。藤岡氏は地元の高校を卒業し、建築専門学校を経てこの仕事に就いた。

テラスとリビングを全面ガラス戸でつなぎ、太陽の光を目いっぱい家の中に取り入れ、薪ストーブさえも使わなくてよい時間帯があります。訪れる皆が笑顔になれるエコなお家です

「日本の、特に地元の木や土を使った家づくりに魅力を感じ、建築の道に進みました」

同社が得意とするのは、「自然と調和する木の家」だ。

「私たちは木材の特性を知り尽くしています。木材の良さを発揮する施工を行うとともに、木材の地産地消により環境にも配慮しています」

京都府には、京都府産木材認証制度がある。京都府内で生産され、環境に配慮した方法で輸送した木材を使う事業所を「緑の工務店」「緑の設計事務所」として登録する制度だ。同社も平成19年から登録している。

「施工には一般的に用いられる集成材ではなく、京都産をはじめとし、厳選した国産材の天然木材を使用します。反りやひずみができるだけ発生しないよう自然乾燥させ、土台や柱など主要構造部に使用します。お客様がもし『ここの木材を使ってみたい！』という思いがあれば、ご相談いただきたいですね」

木を知り尽くしているからこそ、そんな要望にも応えられる。「木の良さを生かすことで、木も幸せになる」と、藤岡氏は語る。

施主のこだわりに応えるため、更なるこだわりを持ち、厳しい自主基準を立てる

「当社のお客様は、こだわりが強い方が多いのです。ある意味『わがままな方』かもしれません（笑）。そんな強い思いをお持ちの皆様の願いを家にしてきました」

藤岡工務店にも施主に負けない強いこだわりがある。

「私たちは、見えないところに徹底的にこだわっています。木材へのこだわりのほか、建築基準法で定められた基準を上回るような、当社独自の規格を適用しています」

木造平屋建の、薪ストーブのある広々としたリビング。温もりを感じさせる杉板を床、天井、壁に使用しました（壁の上部は漆喰）。キッチンのカウンターもすべて木を使用。落ち着いた風合いの和室は、リビングから間仕切りでつながっています

例えば、床下対策は湿気などを防ぐベタ基礎にする。建築基準法よりも太い柱や、補強用の合板の厚いものを採用し、耐震性を向上させる。冬の寒さの厳しい京丹波エリアだからと、耐熱性の高いペアガラスを採用するなどだ。

「お客様にとって必要な基準だけを選んでカスタマイズしていただければと思います。お客様と真正面から向き合うために万全の体制がある。それが我が社のセールスポイントの一つです」

頑丈な家を造るためには、適材適所の素材選びに加え、それらを実現できる職人の技術力も必要だ。

「創業80年、この地で受け継いできた職人のネットワークを持っています。これによりきめの細やかな対応が可能です」

そのチーム力があるからこそ、見た目も住み心地も兼ね備えた家づくりができる。

「地元で三代続く私たち家づくりの歴史は、人づきあいの歴史そのものです。家が完成してもおつきあいは終わりではありません。日々暮らし

て感じたちょっとした疑問や修理の相談から、ライフスタイルの変化による改修など、いつまでも『藤岡さん頼むわ』と気安く声をかけていただける、家のお医者さんのような存在であり続けたいのです」

毎年度末には新築、増改築をした施主に挨拶をしながら、住み心地についてのヒアリングも実施する。

「新築住宅の基礎や壁、柱といった建物を支える構造耐力上で主要な基本構造と、屋根や外壁、窓など雨水の侵入を防止する部分については、引き渡しから10年間、重大な不具合があった場合、無償で修理する瑕疵補償（住宅瑕疵保証保険）を用意しています。地元の工務店での施工は、困った時にすぐ相談できるのが利点です。私どもはお客様に困ったことがあれば即日お伺いし、素早く対応しています」

〝いこいの家〟となるために、住む人と、周囲の自然の調和を考え抜いた家づくり

家を建てるには素材と技術だけでは足りない。家族の個性と思いに適した計画が必要不可欠となる。

「家族の形は今後ますます多様化していくでしょう。どのような変化があっても当社では『家族のいこいの場』を提供することを追求していきます。衣食住の一つである住まいには、そこに住み続ける家族が安全・安心で健康快適に過ごせ、家族のいこいが得られることが最も大切です。それがあってこそ『良い家』になると私は考えています」

〝いこい〟のある家は、自然とも調和するという藤岡氏。この京都丹波の自然風土の中で、長く住み続けられる家づくりは、同社の真骨頂だ。

「自然の中で暮らしたい、田舎暮らしをはじめたい。そんな願いをお持ちの方には、土地探しからお手伝いします。京都のほどよいこの田舎で、里山での暮らしを実現してください。憧れの薪ストーブや家庭菜園の夢も叶いますよ」

地元に誇りを持ち、木を愛する藤岡氏はこう語る。

「木は生き物です。その経年変化を楽しみたい方にこそ木の家を選んで欲しい。木の香りに癒され、風合いを味わい、その中で家族と過ごす時間を想像してみてください。長いスパンで考えれば考えるほど、木の家は自分の理想の家に近づくと思いませんか？」

ドイツの山小屋のようなベーカリーカフェ「ゾンネ・ウント・グリュック作野商店」も当社の施工です

お客様の声

はじめてご相談に伺った時、無垢の木の良さをお聞きしました。「予算が合うなら自然素材で」と伝えると、すぐにご自宅の杉床を見せてくださいました。壁も憧れていた珪藻土で塗ってあり、すっかり気に入ってしまい藤岡さんにお願いしようと決めました。木の香りに包まれた心安らぐ家が完成し、大変満足しています。（N様）

5段階評価

災害などによる耐久性
★★★★★ 4.8

経年による劣化耐久性
★★★★★ 4.8

経験値／ライセンス
★★★★★ 4.9

省エネルギー性
★★★★★ 4.7

施工能力・柔軟性
★★★★★ 4.8

藤岡社長

㈲藤岡工務店

●代表者　藤岡裕英
●所在地　京都府南丹市日吉町胡麻古津13-1
●電　話　0771-74-0241
●設　立　昭和11年創業
●事業内容　総合建築工事、設計（1級建築士）、管理
●建築工法　木造軸組在来工法
●施工地域　南丹市、京丹波町、亀岡市、京都市
https://www.fujiokakoumuten.com/

私たちの使命は、世界に一つだけのあなたの家を造ることです。

株式会社　新谷工務店（和歌山県有田郡有田川町）

若い頃から家づくりが夢。建築の勉強と修行を重ね、若くして自ら会社を興す

　地域で活躍する工務店の社長と言えば二代目、三代目が多い中、新谷社長は25歳の時に高い志を抱き自ら建築会社を興した。

　絵や工作が好きだった新谷少年。成長するにしたがって、〝大きな家を建てたい〟という思いが募り、高校はその夢を実現するために何の迷いもなく建築学科を選んだ。高校には、親が建築会社や工務店の二代目、三代目という学生が多かったというが、〝自分はこの世界で一番になってやる〟と密かに思いながら、早く独立して多くの家を造りたいと猛勉強。同時に建築修行に励み、実践を積んだ。そして二級・一級建築士など数々の資格を取得し、ついに夢を実現したのだった。

「独立して以来、私はお客様に〝真心の家〟をお届けしたいと願いながら、仕事を続けてきました」と話す新谷社長。その真心の家とは「見て、感じて、呼吸して、とにかく五感で味わえる癒しの家。心と体に優しく笑顔に包まれて暮らしていける家」なのだと言う。家を建てるということは、施主や家族にとって人生の中でも最大のイベント。それに参加するということは、大きな責任を感じると同時にやりがいもあると、新谷社長は考えている。

　新谷工務店の仕事の進め方は徹底している。つまり、たくさんの家を造ることより、施主やその家族に思いをはせ、設計から施工まで一棟一棟こだわりを持って取り組むという、真面目な姿勢を貫くことだ。

「この仕事のやり方は、大きな建築会社やハウスメーカーにはできないでしょう。町の工務店だからこそできるメリットだと思います。自分には大それたことはできませんが、小さなことも決して疎かにせず、コツコツとやってきました。ですから30年以上にわたって多くのお客様から信頼をいただき、堅実に家づくりに携わってこられました。感謝の気持ちでいっぱいです」と、新谷社長。そして「お客様に対してプロとしてのアドバイスをすることはもちろんですが、お客様からも学ばせていただき、共に知恵を出し合いながら、お客様のライフスタイルに合った、安心・安全なお家を提案し続けることが、当社の役目だと思っています」。これが地域の工務店として新谷工務店に課せられた使命だと話す。

年間の建築件数をセーブし、そのお客様に最も適した家を一棟一棟丁寧に造る

　新谷工務店は創業時から下請け仕事をすることなく、元請負のスタイルで年間約12棟を完工し、その間リフォームなども手掛けるといった実績を誇っているが、しかし「お客様にご迷惑をおかけするので、あえて

お施主様の夢と想いが詰まった漆喰塗の洋風住宅。吹き抜けの装飾窓からは明るい光が降り注ぎ、子どもたちの笑顔があふれます

リビングのポイント壁にレッドシダーを使用。階段の可愛らしいアイアン手すりは鉄工所さんにオーダーしました。お施主様の想いをカタチにおうち全体をコーディネートしたシャビーテイストのこだわりの１軒です

着工棟数をこれ以上増やしたくありません」と言う新谷社長。お客様の要望を十分考慮し、アイデアの提案から設計まで自らの手で行う主義だ。他社よりも丁寧に、常に新しいデザインを取り入れて、同じ家は2つと造らないという、オリジナリティーを重視している。

その新谷社長の描いた設計図面を実際の形にしていくのが、優秀な社員たち。「当社では、自社内に熟練した高い技術力を持つ大工や職人を抱えています。彼らの人と技術が当社の財産なのです。技術や家づくりの考え方の伝承も、ベテランの社員から新人の社員へしっかりと行われていて、その点でも多くのお客様から信頼をいただいている理由だと思っています」

同社が扱う材料は自然素材が中心。特に主要構造材には強度がある紀州材を使用しているという。紀州材は色合い、つや、目合いがよく、狂いも少ない。その上、強度・耐久性に優れている。この優れた自然素材と、同社の大工・職人の持つ高い技術が出会った時、新谷社長の考える真心の家が実現するのだ。

ちなみに、同社ではさらなる安心・安全を図るため、耐震等級最上ランクはもちろん、耐震壁も確認基準の2倍、3倍の強度を持たせているという。

引き渡し後のフォローも万全。365日、24時間体制で業務に取り組む

木の香に包まれ、安心して健康に暮らせる理想の家も、やはり定期的なメンテナンスがあってこそ、強固なものとなるだろう。そこで新谷社長は、「お引渡しした後、1カ月、3カ月、6カ月、そして1年、3年、5年、7年、10年と期間を決めて、定期的なメンテナンスのサービスに努

お客様の声

打ち合わせ、設計段階から新谷社長はいろいろと相談に乗ってくれました。楽しく一緒に家を造ったという感じ。今その家で、夏は涼しく冬暖かく快適に暮らしています。社長が提案してくれた蓄熱暖房システムや中庭の設計は、本当によかった。建ってからも心配して見に来てくれる、そんなアフターフォローも大変うれしいです。　（U様）

5段階評価

災害などによる耐久性	★★★★★ 4.9
経年による劣化耐久性	★★★★★ 4.9
経験値／ライセンス	★★★★★ 4.9
省エネルギー性	★★★★★ 4.9
施工能力・柔軟性	★★★★★ 4.9

㈱新谷工務店

- 代表者　新谷俊典
- 所在地　和歌山県有田郡有田川町上中島243-2
- 電　話　0737-52-5260
- 設　立　昭和59年5月
- 事業内容　注文住宅の設計・施工、増改築、リフォーム、店舗新築・改装、外構、エクステリア
- 建築工法　木造在来工法、鉄骨造、鉄筋造
- 施工地域　和歌山県北部・中部

http://www.shintani-koumuten.com

紀州材の骨太梁を見せた平屋の家。漆喰塗の内壁に床は無垢の檜を使用した木の温かみが感じられる体に優しいおうちです。夏は涼しく、冬はリビングに設置した蓄熱暖房でおうち全体がほんのり暖かい、快適な生活を過ごせます

めています」と話す。新谷社長がお客様を訪問すると、「子どもが生まれ家族が増えました」「子どもたちと同居することになりました」あるいは、「子どもが巣立ってちょっと寂しくなりました」と、話してくれるという。「私を信頼してくださって、家のことはもちろん、お子さんやご家族のことをお話してくださるのを聞くと、この仕事をしいて本当によかったと実感します」

新谷社長は、365日24時間、家づくりのこと、お客様のことを考えていると言うが、それは決して誇張した表現ではないだろう。〝家づくりが自分の仕事〟と決めてから40年以上経った今でも、全身全霊を込めて仕事に向き合っている。

お客様を家族同様に思い、土地探しから家づくりまで、ワンストップでサポートします。

イーホーム 株式会社（福岡県北九州市）

和室から続くLDKはゆとりの空間となっています。キッチンから水回りの動線も考えつくされたプランとなっています

一般企業の会社員から、結婚を機に建築業へ。資格も取得して一生の仕事に

出会いを大切にし、自分の家族を思うのと同じ気持ちでお客様に接し、本気でアドバイスを行い、家づくりに邁進する。これが、安枝社長の仕事に対するポリシーだ。

家づくりについて、このような強い信念を持っている安枝社長だが、実は、最初から設計や建築を目指していたわけではなかった。大学を卒業後に防災機器メーカーに就職し、ごく普通の会社員としてスタートした。転機が訪れたのは、学生時代の同級生と結婚し、奥様方の家業であった建築の仕事を手伝うことになってからだという。次第に建築業に本腰を入れ始め、多くの現場を経験すると同時に、いくつかの資格も取得。ついに、一級建築士の免許を取るに至った。その時、「今までに一番勉強したかもしれません（笑）。しかし、よし！これからは自分の理想が実現できると、新たな気持ちで仕事に向き合えるようになりました」と、安枝社長は当時を振り返る。

では、その理想とはどのようなものだったのか。家づくりに対してこだわりを持つ安枝社長だが、お客様に対しては常に自然体で接することを心がけているという。しかも一度縁ができると家族同様に親身になって、あれこれとアドバイスを行う。そんな温和で頼れる人柄に惹かれるお客様は決して少なくない。

「私としては、特に子育中の世代から〝本当にいいね〟と思ってもらえる住宅を造りたいのです。しかも、無理のないローン返済で手に入れることができ、安心して暮らしていくことのできるようにして差し上げることが、私の家づくりに対する理想です」と、お客様に寄り添う気持ちを大切にする。

この言葉を裏付けるように、イーホームでは気軽に参加できる家づくりに関する「無料相談会」を随時開催しているが、その参加者は毎回増えているという。

「ご相談いただければ、私の知るす

リズムよく並ぶ梁がナチュラルな部屋の雰囲気をつくっています。お施主様が自ら塗装されることで、コストを抑えると共に、我が家に対する愛着もひとしおです。写真右は、玄関ホールにモザイクタイルを張ることで、こだわりの空間になっています。

べてをお伝えします」という力強い言葉からもわかるように、これから家を持ちたいと願うお客様からは絶大な信頼を得、相談した方のほとんどが家づくりを依頼されるということも頷ける。

積極的に自然素材を使用し、CW断熱工法によって快適で理想的な住宅を造る

安枝社長率いるイーホームの家づくりの特長を挙げるとすれば、次の4点に集約することができる。

◎土地探しから設計・施工まで、建築士がワンストップでサポートできる

◎常にコストパフォーマンスを考慮している

◎木の温もりを大切にし、木造住宅にこだわりがある

◎高気密・高断熱を実現するCW断熱工法を採用している

特にこの中で注目したいのが、自然素材を活かして家づくりを行うことを標準仕様としていることだ。室内の床はすべて無垢材を使用し、塗り壁にも自然素材を使っている。ここに安枝社長の理想とする、自然素

木に包み込まれるようなリビングは吹き抜けからの光も相まって、お施主様のお気に入りの空間になっています（写真右）
右の2つの写真は、天井にも羽目板を張り込むことで、より自然素材感を楽しむことができ、木が好きな方にはおすすめのつくりになっています

材重視の子育て世代に合った、ナチュラル注文住宅が完成する。まさに、赤ちゃんや子どもたちにとってやさしい住宅だ。

さらにイーホームでは、建築工法にＣＷ断熱工法を採用していることも注目したい。この工法では、柱の外側にアルミ素材の遮熱材を巻き付け、加えて柱の間にウレタンの断熱材を充填するというもの。

「この工法は、日本の風土に合い、またコストパフォーマンスも一番だと考えてお勧めしています」と安枝社長も太鼓判を押す。

冬暖かく、夏は涼しく過ごしやすい。赤ちゃんを育てていくには理想的で、快適な環境と言えるだろう。

5帖の子ども部屋ですが、おもちゃ部屋としてはベストの広さ!この部屋に限っては、壁の落書きもOKとなっており、子どもたちが大きくなると思い出の部屋となりそうですね

ほしいと思う人に、適正価格で最良の住宅をご提供。そのための努力を怠らない

安枝社長がコストパフォーマンスや価格自体にこだわりを持つのは、何をおいても子育て世代の施主に、最良の住宅を提供したいと考えているからに他ならない。つまり、〝ほしいと思う人に、手の届く価格で提供できる家〟を造ることがイーホームの使命だと考えている。

そのために、安枝社長は常に業界の動向に注視し、材料の比較検討や素材メーカーとの情報交換を怠らない。また、自ら最新情報を求め、新しい工法なども研究するといった学ぶ姿勢も忘れない。

この地道な努力が、イーホームという工務店の質を向上させ、誰もが納得のいく素晴らしい施工実績を築き上げているのだろう。

「当社では土地探しからファイナンシャル、ローン付け、設計・施工、現場の管理まで、ワンストップで行います。お客様には常に同じ担当者がついて誠心誠意お世話させていただきます」と、安枝社長。

同社では完成後のフォローも誠心誠意の精神にあふれている。引き渡し後の定期点検はもちろんだが、10年間にわたって365日24時間のサポートが標準で付く。自分の家族を守るように、イーホームではいつも優しい眼差しでお客様の家をしっかり見守っていてくれている。

お客様の声

無料相談会や見学会に参加し、安枝さんたちに接するうちに、自分たちの願いが叶う家づくりができると直感。親身になって些細な相談にも乗ってくれ、注文や変更にも快く対応してくれました。細やかなアドバイスがうれしかった！　子どもたちのことを思って建てた家。安心で快適、家族は大満足。イーホームの素晴らしい家づくりに、太鼓判を押します！　（K様）

5段階評価

災害などによる耐久性	★★★★★	4.8
経年による劣化耐久性	★★★★☆	4.5
経験値／ライセンス	★★★★★	4.9
省エネルギー性	★★★★★	4.8
施工能力・柔軟性	★★★★★	4.8

安枝社長

イーホーム㈱

- 代表者　安枝博信
- 所在地　福岡県北九州市小倉北区足原2-10-16
- 電　話　093-952-1060
- 設　立　平成24年7月23日
- 事業内容　戸建て新築・リフォームの設計施工、マンションリフォーム設計施工
- 建築工法　木造軸組パネル工法
- 施工地域　北九州市近郊

http://e-home.asia

ひのきの家で笑顔満点の毎日を！
心と体に優しい強い家を造ります。
暮らしの満足度を高めます!!

ひのきの香房木楽家・株式会社高木工務店（福岡県嘉麻市）

20年、30年後にも、“任せてよかった”と言っていただきたいから

ひのきの香房木楽家㈱高木工務店は、地元で半世紀近く家づくりを行ってきた。その間、ブレることなく貫いてきたのが、堅くて粘りのあるひのきを使い、心にも体にも優しい丈夫な家を造ること。

父親の跡を継いで建築・施工の世界に入った高木社長は、「丈夫な家を造ることこそ建築業者の使命」と言う。この言葉の根拠となっているのは、かつて杉材を中心に建てられた家が、災害で無残にも簡単に倒壊してしまったのを、目の当たりにしているからだ。以来、高木社長は強度の高いひのきに着目し、その性質を見る目を磨き、ひのき材の活かし方についての研究を重ねてきた。

「ひのきは、人が活かしてこそ、その優れた性質を発揮してくれる」と話す高木社長。木楽家で使うひのきは、自らの目で選び、含水率20パーセント以下に乾燥させたものだけを使う。十分乾燥したひのきは強く、狂いのない材となる。特に、母屋・垂木・野地板、あるいは押し入れの壁・天井の板（小節）に使うひのきは、自社内にある乾燥場でじっくりと自然乾燥させる。また、構造材として使う土台・柱あるいは小屋束などのひのきも、含水率検査にクリアしたものだけを採用。さらに、梁には米松を、同縁・間柱はやはり自社で自然乾燥させた国産杉材のみを使うといった念の入れようだ。

「手間をいとわないことが私の信条です。私どもで建てた家に長くお住いのお施主様から、『家中狂いがなく、戸や障子も新築の時と変わらずスムーズに動く』と言われます。お引渡しして、20年、30年経っても、木楽家に任せてよかったと言ってくださるお施主様がいらっしゃることが、私の誇りでもあるのです」

ひのきに強いこだわりを示す高木社長だが、施工方法にも譲れないこだわりがある。それは強いひのき材と耐震金物を用いた在来軸組金物工法だ。この施工方法は、日本の気候風土に最も適した工法だと高木社長は考えている。

「日本には四季があり、しかも高温

木が大好きなご夫婦がこだわり抜いた、ナチュラルで和モダンな家。フローリングにはひのき、天井には松梁を使用し、木の香りがいつまでも続く室内。障子を取り入れたリビング続きの和室には、天然一枚板のカウンターを施工しました

「昭和のかわいいおばあちゃんの家」をテーマにした平屋の家。広々としたリビングダイニングは平屋ならではの開放感。味わい深く落ち着いた雰囲気が魅力

多湿であるため、夏涼しく・冬暖かく過ごせる家が必要です。それには、家全体で呼吸することができる、在来軸組金物工法による木造家屋が最適なのです」

さらにこの在来軸組金物工法によって建てられた家は、こんなメリットもあるという。

「一度建てたとしても、将来先々で間取りを変更することができるのです。ハウスメーカーによるツーバイフォーなどの工法ではこれができません。家を建てて、20年、30年経てば、家族構成や部屋の用途も変わってくるはずです。そんな時のことまで考え、ご家族の将来をちゃんと見据えた家づくりを私はしていきたいと思っています」

親子二人三脚の家づくり。お客様に後悔させないため建築途中でも変更を

木楽家では、もちろん髙木社長が采配を振るっているが、現在では、社長の長男である髙木博志さんが営業主任としてお客様との応対をすることが多くなってきた。またこの髙木主任がお客様からの受けがいい。お客様の土地探しに同行したり、資金面でお客様が銀行などに出かけるときは一緒に付き添ってアドバイスを行うといったことまでしてくれるという。親子揃ってお客様思い。

この二人の願いは「お客様が健康で、幸せな生活をしていただける住まいを造ること。安心安全に住むことができる、心にも体にも優しい丈夫な家を造ること」と口を揃える。

「お施主様が後悔するような不幸な家は造りたくないのです。ですから、建築の途中であっても、ご希望があれば、納得いただくまで手直しを行

お客様の声

工事過程で「あ!ここはこうしておけばよかったかも…」と思うことがあって、言うだけ言ってみようって相談したんです。そしたら快く対応してくださいました。私としては、ちょっと言いづらいことでも相談できるその関係性が大切だなって感じましたし、髙木さんにお願いしてよかったと思えるポイントでした。

(W様)

5段階評価

災害などによる耐久性	4.8
経年による劣化耐久性	4.8
経験値／ライセンス	4.8
省エネルギー性	4.5
施工能力・柔軟性	4.6

髙木社長

ひのきの香房木楽家 ㈱髙木工務店

- 代表者　髙木和夫
- 所在地　福岡県嘉麻市山野322-2
- 電　話　0948-42-5957
- 設　立　昭和47年3月
- 事業内容　注文住宅、リフォーム、増改築
- 建築工法　木造軸組構造
- 施工地域　飯塚市、嘉麻市、宮若市、会社所在地より車で1時間圏内程度

http://www.takakikomuten.jp

お気に入りのタイルと実験用シンクを組み合わせたオリジナル洗面台。家族の思い出を飾るニッチや飾り棚も造りました

います。お施主様にとって小さな妥協が、家を建てた後で大きな後悔として残るような思いだけはしてもらいたくない。そのために、些細なことでもしっかりと対応し、後々まで〝木楽家〟に頼んでよかったと、言っていただきたいのです」

社長自らお客様訪問。二世代、三世代にわたるお付き合いも珍しくない

髙木社長が今力を注いでいるのが、手掛けた家やお客様を定期的に訪問することだ。建てっぱなしにしない、地域で長く仕事をしてきた工務店だからこそできるアフターフォローだ。お客様の中には、二世代通じてのお付き合いもあるという。もちろん、リフォームや建替えの相談にも親身になって乗ってくれる。

「私が手掛けた家で、二世代、三世代にわたって、幸せに暮らしていらっしゃるご家族を拝見すると、他人事とは思えません。自分も幸せな気分になります」と、髙木社長はしみじみと語る。

本当の家とは20年、30年、そしてそれ以上、何世代にもわたって住み続けられる家のことを言うのだろう。そんな家は、また家族とともに成長、変化することができる家でなければいけない。木楽家では、そんな住む人を何世代にもわたって幸せにする家を造っている。そのために、髙木社長は常に初心に返り、家づくりのための研鑽を怠らない。

住まい方は十人十色です。だから〝オンリーワンの家づくり〟にこだわり続けるのです。

有限会社 英建築設計事務所（埼玉県三郷市）

間接照明を使ったリビングルーム。精神的な癒しの効果を得られると言われています

モダンな佇まいのなかに、木の温もりを感じる心地よさを味わえる和室です

モットーは、お客様の住まい方を優先した家づくりをすること

英建築設計事務所の社長、谷中英輝さんは、子どもの頃からプラモデル製作など「ものづくり」が大好きだったという。父親の弟が大工の棟梁だったことから、木造住宅を目の前で建てている叔父の男らしい姿に魅かれて、自分もその道に進もうと専門学校を選んだのも自然のことだったのだろう。

学校では建築設計を学び、卒業後は、マンションデベロッパー勤務を経て、平成14年に現在の会社を設立した。その谷中社長に、家づくりの思いを聞いてみた。

右／白を基調とした外観。施主様のこだわりが詰まっています。左／デザイン性、耐久性に優れるジョリパット仕上げの外壁。一部に焼杉を使用しました

「私のモットーは、お客様の住まい方を優先した家づくりです。人は、それぞれ家づくりにこだわるポイントが違います。趣味やライフスタイル、家族構成が違うのですから、当たり前です。住宅展示場を見学してみて良い家だなと思っても、実際は家にライフスタイルを当てはめようとしている方が多い。これでは本末転倒です。ライフスタイルに家を当てはめるべきなのです。それでこそ注文住宅です。当社ではすべてのお客様の思い、条件に対応できる家づくりを行っています」

英建築設計事務所では、設計から施工まで、一貫した品質管理を徹底しているという。さらに、木造、鉄骨造、RC造と、すべての工法に対応できるのが同社の特長と、谷中社長は語る。

もちろん、安心、安全、高気密・高断熱、長寿命の家であること、などの基本的な部分は共通だ。その上で、お客様それぞれの理想の住まいをカタチにしていく。お客様の住まい方を優先しながら。

高額な建物が必ずしも良い家とは限らない

注文住宅を建てること。それは施主の好みやわがまま、そして夢や希望が叶う家づくりだ。

「洋服やバッグ、自動車やバイクでも人の好みは様々です。住宅も自分好みであってほしいと思いますね。無垢材や珪藻土などの自然素材を使用した内装、古民家風やモダンな内装、アジアン風やヨーロピアン風など、内装の仕上げ材などに〝こだわり〟を入れられるのも注文住宅ならではの特長ですから」

一方で、谷中社長は、多くの人が〝高額な建物＝良い家〟と決めつけているのではないかと言う。もちろん、常識的にはその通りなのだが、〝高額でも、良くない家＝悪い家〟があることを知ってほしい、と。

しかし、それを見誤らないためにはどうすればよいか？

「人にはそれぞれ十人十色の考えがあり、幸せの感じ方もそれぞれです。だからこそお客様のニーズに合った家づくりに親身になって耳を傾け、一つひとつを考えて、知恵を出し、実行してくれるビルダーを選ぶべきなのです」

施主は、想いのすべてを伝えること。谷中社長は、しかもそれを上手に引き出せる人だ。だからこそ英建築設計事務所は〝オンリーワンの家づくり〟にこだわっているのだ。

5段階評価

災害などによる耐久性	★★★★★ 4.8
経年による劣化耐久性	★★★★★ 4.6
経験値／ライセンス	★★★★★ 4.8
省エネルギー性	★★★★★ 4.5
施工能力・柔軟性	★★★★★ 4.6

谷中社長

㈲英《はなぶさ》建築設計事務所

- 代表者　谷中英輝
- 所在地　埼玉県三郷市三郷1-30-9
- 電　話　048-952-3107
- 設　立　平成14年8月8日
- 事業内容　設計・建築
- 建築工法　木造在来、鉄骨造、鉄筋コンクリート造
- 施工地域　埼玉県、千葉県、茨城県、東京都

http://www.hanabusa8723.jp/

地元で半世紀以上の実績。県産の杉や檜を伝統工法で活かし、ご満足いただける家を造ります。

株式会社　提坂工務店（静岡県島田市）

静岡県産の木材をふんだんに使用したLDK。狭小地のため、2階をリビングにすることで明るい大空間のLDKができた（S様邸）

提坂工務店の自慢は、熟練の大工棟梁。丁寧な仕事、美しい仕上げ

半世紀以上にわたって、地元で建築・不動産業を営む提坂工務店の強みは、何といっても「人」にある。社長の提坂大介さんは現在42歳。3児の父親で、家族思いの気持ちをそのまま仕事にも発揮している。創業者でこの道60年のキャリアを持つ父親の提坂四郎さんは、会長として現役で提坂工務店を支える。その厳しい仕事っぷりを受け継ぐ二人の腕の立つ大工は、社内で棟梁としての責任をきっちりと果たしている。提坂工務店は少数精鋭。お客様に親身に接し、その質の高い仕事が高く評価されているのだ。

「私たちが心がけているのは、お客様が末長く安心して住むことができる家を真剣につくること。家づくりを通して、ご家族の幸せを願っているのです」と、提坂社長。その思いは棟梁たちも同じこと。「大工の技術と家づくりの想いを厳しく叩き込まれた当社所属の大工棟梁は、本当に自慢できます」と提坂社長は胸を張る。事実、協力会社の社員や職人からも、仕事が丁寧、下地がきれい、と言われるほど。お客様からは仕上げが抜群に美しい、と称賛の声が寄せられている。完成後の面倒見もよく、建て替えやリフォームもまた提坂工務店に任せたいという、世代をまたいだお客様の声も多く聞かれる。同社が地域で愛され続けているのも頷ける。

親子二人三脚の家づくり。お客様に後悔させないため綿密に打合せ

「当社では、建築工法は会長が修業時代から信じて守り続けている木造軸組在来工法しかやりません。それがお客様にとってベストだと考えるからです。さらに、家の大事な部分には、地元の大井川流域で育った杉や檜を使います。これも当社ならではの譲れないところ」と、話す提坂社長。この言葉の奥には、地震などの災害にも強く、丈夫で長持ちして、しかも住み心地が良い家を、伝統的な工法で数多く手がけてきたという自信があるからだ。このような自然素材の良さを見極められる目と、それを活かす技術を持った質の高い職人を抱えていることが、提坂工務店の大きな〝ウリ〟と言える。

小回りが利き、しかも後々まで頼りにされる、わが街の工務店。同社のメリットはまだある。「当社では家を建てるのはもちろんですが、不動産の仕事もしているので、土地探しから資金面まで、きめ細かなお手伝いができると思います」という提坂社長の言葉通り、土地探しから建築相談、そして完成から引き渡し、その後のメンテナンス管理やアフターフォローまで、同社は大規模なハウスビルダーにはできない、真心のこもったワンストップサービスができるのだ。

「お客様や協力会社に支えられ、今日があるのだと感謝しています。今後とも、真摯な態度を忘れることなく家づくりに励んでいきます」と、提坂社長はあくまで謙虚だ。この真面目で謙虚な姿勢が、これまで多くの〝提坂ファン〟を増やし、支持される理由なのだろう。

上／ご家族がゴロンとできるフローリングと同じ高さの畳スペースがあるLDK（I様邸）。下／設計段階から生活スタイル・薪ストーブ・家具等の打合せを徹底的に行った（S様邸）

お客様の声

いくつかのハウスメーカーや工務店を見学に行きましたが、親しみやすいスタッフと同世代の社長さんというのが提坂さんに決めた一番の理由です。建ててもらった後でも、要望を受け入れてもらい、安心して暮らすことができています。

（M様）

5段階評価

災害などによる耐久性	★★★★★ 4.9
経年による劣化耐久性	★★★★★ 4.9
経験値／ライセンス	★★★★★ 4.8
省エネルギー性	★★★★★ 4.8
施工能力・柔軟性	★★★★★ 4.8

㈱提坂《さげさか》工務店

- 代表者　提坂大介
- 所在地　静岡県島田市東町230
- 電　話　0547-35-3376
- 創　業　昭和41年11月
- 事業内容　建築業、不動産業
- 建築工法　木造軸組在来工法
- 施工地域　静岡市安倍川より西から志太榛原地域

http://hinokino88.com

家づくりへの不安や不満、私たちがすべて解決します！決して期待を裏切りません。

株式会社　ハウスアップ（京都府京都市）

お客様の心に一番近い工務店優れたデザイン性と企画提案力で信頼を得る

かつて不動産業に従事し、下請けの仕事をメインに行っていたという太田社長は、自分とお客様との距離が遠いこと、そしてお客様の切なる思いや要望を直接聞けないことに、歯がゆい思いをしていたという。「直接お客様の顔を見て家づくりがしたい。住む人のことを一番に考えた家づくりがしたい。新しいお家に住んで、不満や後悔をする方をなくしたい」との思いがつのり、ついに独立を決意し、自ら工務店を設立した。お客様のご家族一人ひとりの思いを正確に形にすること。さらに、安心・安全・信頼の家が完成した後も、その家とご家族をしっかりと見守り続けたいということが、太田社長の創業の願いだった。

そんな思いから生まれた工務店、ハウスアップの特色はどこにあるのだろう。太田社長に尋ねると、「当社

敷地20坪の狭小地に、スキップフロアにすることで明るくて開放的な空間をデザインしたリビング

には、熟練のスタッフが揃っており、優れたデザイン性とお客様のご要望をしっかりと反映したご提案ができます」という返事が返ってきた。この言葉の裏には、お客様に決して後悔や失望をさせないという、自信と自負が感じられる。お客様に対して〝無理です〟〝できません〟と決して言わない工務店として、たくさんのお客様から大きな信頼を勝ち得ていることも納得できる。

伝統的な工法で造る木の温もりを感じる家。10年間のフォローも万全

そんなお客様重視のハウスアップが一番こだわっているのが「家の品質」であり、その品質を支える優れた技術として「木造軸組在来工法」を採用していることだ。

「この工法は、自然素材を活かすことのできる、古くから受け継がれてきた優れた工法です。例えば、木のよさを表現できる真壁造り（柱・梁現し）ができること。これにより、木の持つ調湿効果も大いに期待できます。近年では耐震性向上のために壁量を増やす傾向にありますが、この工法では、それを満足させながらも開口幅（出入り口の幅）を大きく取ることが可能です。また間取りの変更や改造も比較的容易なこともこの工法のメリットです」

同社の特色は、家を建てた後の対応にもある。それは「アップレスキュー」と名付けられたた独自のサービス。家を引き渡した後10年間にわたり、さまざまな生活の悩みや困りごと、トラブルなどをサポートしてくれる。具体的には、電気、ガス、水道などのトラブルに365日24時間体制で対応する〝住宅トラブル緊急かけつけ&お手伝いサービス〟や、難しい火災保険の相談に何度でも無料で応じてくれ、しかも住まいに予測しない損害が生じた場合にサポートしてくれる〝損害査定エキスパートダイアル〟などがある。きめ細かな配慮が表れたシステムだ。

まずは同社が開催する見学会に参加してみてはいかがだろうか。また、同社に併設されたショールームも一見の価値がある。見て、触れて、体感することはマイホーム実現のはじめの一歩だ。

右／雲梯、ボルダリング、登り棒。キッズルームがあることでリビングもスッキリ。上／防火地域なので鉄骨階段を使い、タイルをアクセントにしておしゃれな空間に

お客様の声

見学会に参加した時、設計のよさに感動し、家のデザインも、私たち夫婦の好みにピッタリでした。また、太田社長ご夫婦の気さくな感じやスタッフの皆さんの親切な対応にも感動！アットホームな雰囲気で家づくりができました。要望にもちゃんと応えていただき、身内のように接してくださったことは決して忘れません。（T様）

5段階評価

項目	評価
災害などによる耐久性	★★★★☆ 4.6
経年による劣化耐久性	★★★★☆ 4.6
経験値／ライセンス	★★★★★ 4.9
省エネルギー性	★★★★☆ 4.6
施工能力・柔軟性	★★★★★ 4.9

お客様サポートの太田知子さん

㈱ハウスアップ

- 代表者　太田圭介
- 所在地　京都市伏見区深草直違橋7-251
- 電　話　075-646-2220
- 設　立　平成18年11月
- 事業内容　注文建築、デザインリフォーム、不動産業
- 建築工法　木造軸組在来工法
- 施工地域　京都市、京都府南部、大阪府北部、滋賀県南部

www.houseup-inari.jp/

家への要望、夢、将来の設計図…
良い家づくりへの第一歩は、
施主の想いをとことん伺うこと。

福原建築工房 株式会社（大阪府八尾市）

無垢の素材とアール型のカウンターが暖かさを醸し出しています。こだわりの暖炉やお洒落な階段は、これからの生活をきっと豊かにしてくれることでしょう

良い家を造ることを最高の喜びとする建築家。〝住は聖職なり〟と

「住宅は、人間が造る最高の商品です。人は住宅で育ち、住宅で愛をはぐくみ、住宅で憩い、住宅で余生を送る。住宅は人生最大の買い物であり、最大の財産です。私は〝住は聖職なり〟と考えています。ゆえに住を聖職とする者は、新たな知識を得る努力を重ね、新たな技術を学び、誠心誠意仕事を行い、良い家を造ることを最高の喜びとする者でなければなりません」

福原建築工房代表、福原克明さんの建築への、真摯な、熱い想いである。それは同時に、建築家としての福原さんの美学なのだろう。

山口県岩国市出身の福原さんは、九州の建築学校で学んだ後、大阪の建築会社で経験を積み、平成12年、36歳で独立して今日に至る。仕事としては、設計・管理を主とする道を歩んできた。なかでも、特に大切にしてきたのは、施主の要望や家に対する想い、夢、将来の設計図などをとことん聞き出すこと。

「当社では、お客様と打ち合わせをし、設計を担当した者が施工も携わるという一貫した体制で進めています。それは大切なお客様のご要望を的確に反映し、より充実したものにしたいからです。お客様の声をそのまま設計し、職人たちに伝えて形にしていくのです。すべてはお客様のために、です」

「アットホームなお家カフェに」とのご要望から始まった家づくり。1階はオーナー様の営むカフェ。その他のスペースは居住として利用

主要構造部には吉野産檜4寸角を標準仕様。環境面への配慮も

福原さんにとっての良い家とは、「大掛かりな機械類や装置を取り付けたり、派手な装飾を付けるのではなく、シンプルでいて、かつ、使いやすくデザイン性が高い、そして住む人とその地域に溶け込む家」だそうだ。

建築コンセプトは、次の6つに集約されると福原さんは言う。

1家族のライフスタイルを尊重したオリジナリティある住まいづくり
2敷地を活かした、家族のみが味わえる風景づくり
3太陽の光や自然の風を取り入れる四季を感じる家づくり
4建物の形を有効に家の中に取り込み、かつ、伸びやかな空間づくり
5お洒落なデザインの工夫と、美しい形づくり
6体に良い建材を厳選した健康的な環境づくり

もちろん地震に強い家づくりは大前提。主要構造部（土台・柱）には吉野産檜4寸角を標準仕様とし、内壁には薩摩霧島壁、断熱材には羊毛等を採用する。また、地元の丈夫な材料を活かして地元の職人が造るという、環境面からも地元を大切にする心を忘れない。屋上庭園も手掛けるなど、バラエティに富んだ提案ができるのも同社の魅力だろう。

しっかりとしたアフターケアを実施するために、施工は近隣地域に限定し、竣工後10年までの定期点検にも力を入れている。大手ゼネコン・ハウスメーカーではできない地域密着と価格面での低コスト化も同社ならでは。地域の身近な存在だからできるサービスに、徹底的に磨きをかける福原建築工房である。

お客様の声

たくさんの夢が詰まった家ができました。設計から毎週のように打ち合わせをして、夢を形にしていく日々は素敵な思い出です。本物の暖炉が欲しいなどと、無理なお願いにも丁寧に対応していただきました。自然素材をふんだんに使用した内装はさわやかで、ゆったりと息ができます。「うちの家が一番」というのが家族全員の一致した意見です。福原工務店さんには大満足です。ありがとうございました。（A様）

5段階評価

項目	評価
災害などによる耐久性	★★★★★ 4.7
経年による劣化耐久性	★★★★★ 4.5
経験値／ライセンス	★★★★★ 4.9
省エネルギー性	★★★★★ 4.8
施工能力・柔軟性	★★★★★ 4.8

福原社長

福原建築工房㈱

●代表者　福原克明
●所在地　大阪府八尾市福万寺町南2-2-6
●電　話　072-929-0410
●設　立　平成12年10月
●事業内容　注文建築の設計・施工、各種リフォーム、不動産業務全般
●建築工法　在来軸組工法
●施工地域　大阪府東部
www.juutakukankyou.com

ご家族みんなの笑い声が響く オリジナル家具付デザイン住宅を、お求めやすい価格でご提案。

株式会社 ウッドプラン（兵庫県豊岡市）

ムダのないシンプルな平屋。リビングが勾配天井となっており、開放的な空間に。対面キッチンからは、ダイニング、リビング、畳スペースを見渡せます

デザイン性に優れた世界に1つだけの家。もちろん、家具もオリジナル

嶋田大さんが、厳しい大工修行を終えて独立したのが平成15年のこと。そして25年に現在の株式会社ウッドプランを立ち上げ、翌年には一級建築事務所として事業内容を充実させた。会社としては比較的新しいが、家づくりの伝統はしっかりと守りながら、新しい感覚を敏感に捉えて、デザイン性と機能性に富んだ注文住宅を提供している。

嶋田社長はこう話す。「時代の感覚をしっかりとつかんで、お客様のご要望を十分盛り込んだデザイン美、機能美に富んだ注文住宅をご提案しています。もちろん、家具類もオリジナルで、家全体をトータルコーディネートします。それはお客様だけの世界に2つとない家。でも、そうお聞きになると、費用のご心配をされるかもしれませんが、当社では価格を比較的抑えて、お客様のご希望にお応えしています」

一級建築士や一級技能士といった優れた専門家が集まり、現場で働く

大工や職人も、言うまでもなく優秀な技術者ばかり。同社は、外部に委託することなく、スタッフがすべて最初から最後まで家づくりに関わる。文字通り本物のオーダーメイド。そして価格を抑えられる理由も、全部自前で完結できるから。デザインにこだわり、自然素材にこだわり、そして設計・施工にこだわりを持つ専門家集団だからできる、オリジナリティーあふれる家づくりだ。

自然素材を存分に活かす。住む人の個性を輝かせ、住むほどに愛着が増す家

さらにウッドプランの家づくりの特長を挙げれば、木や石、漆喰、そして和紙など、自然素材をふんだんに使用していることだろう。しかも、同社が得意とする在来軸組工法によって造られるので高い強度を保つことができる。「自然素材を活かした家は、夏は涼しく、冬は暖かい。住む方を癒し、やさしく守ってくれます。しかも、年を重ねるごとに愛着も増します」と、嶋田社長。年を経て住むほどに愛おしくなる家。まさに理想のマイホームと言えるのではないか。嶋田社長はこう続ける。「私たちは単に家を販売するのではなく、お客様のライフスタイルに合わせた、さまざまなプランをご提案するのです。はじめのご相談から、構造計画、設計・施工、工事・お引渡し、その後のメンテナンスまで、すべて安心してお任せください」

ウッドプランに任せれば、満足度が高く、しかも安心して住み続けることができる世界に1つだけの自慢の家が実現する。それには、まず施主自身が五感で納得することが一番の方法だ。「完成見学会やショールームにお越しいただき、ほかと何が異なるかをぜひ感じてください。私たちは皆様の最高のパートナーになれる自信があります」

家づくりを決めたが、家のデザインや建築方法、素材、そして予算に疑問や不安を抱いたら、まずウッドプランの嶋田社長に相談することが解決の近道だ。

掘りごたつのあるお部屋の横には、奥様に嬉しいサンルームを設置。急な来客時にも建具で目隠しできます。各お部屋の家具は、ご家族それぞれに合ったオリジナルです

お客様の声

子どもの成長に伴い、戸建てを考えました。広告でウッドプランを知り、自由設計、オリジナル家具、トータルコーディネート、家の雰囲気そして自然素材など、私たちの感覚や要望にピッタリだったのでお願いしました。家ができて子どもたちは大喜び。親戚や友人たちからは、「木の香がする、家具が素敵」と、言われています！　(K様)

5段階評価

項目	評価
災害などによる耐久性	★★★★☆ 4.5
経年による劣化耐久性	★★★★☆ 4.5
経験値／ライセンス	★★★★★ 5.0
省エネルギー性	★★★★☆ 4.5
施工能力・柔軟性	★★★★★ 5.0

嶋田社長

㈱ウッドプラン

●代表者　嶋田 大
●所在地　兵庫県豊岡市日高町松岡8-2
●電　話　0796-20-3100
●設　立　平成25年1月
●事業内容　設計・施工、オーダーメイド家具販売、不動産業
●建築工法　在来軸組工法
●施工地域　兵庫県全域、京都府北部
http://www.woodplandesign.com/

家づくりは人生最大の悦び。もっと楽しみながら、一緒に造りあげていきましょう。

株式会社 ZENHOME（奈良県磯城郡）

地元で愛され半世紀。三代目社長として強い家の建築を目指す

地元で建設会社を創業した初代から数えて三代目。ＺＥＮＨＯＭＥ（ゼンホーム）の社長である川﨑全家さん。その名前、全家と書いて「まさや」と読む。名は体を表すというが〝完全な家を造る〟という、まさに家づくりを行うために生まれてきたような人。本人も幼い頃から家業を見てきただけあって、家づくりに強い憧れがあったという。

「ちょうど大阪の高校に通っていた時に、阪神淡路大震災に遭遇しました。多くの同級生たちが大変な目に遭っているのを目の当たりにし、これから自分が建てる家は、地震に強く、家族が安心して暮らせるものでなければいけないと、その時肝に銘じました」

川﨑社長の家づくりには、そんな決意が秘められている。実際に、ＺＥＮＨＯＭＥでは地震への対応として、住宅性能表示制度における耐震性能の最高レベルである「耐震等級３」相当の構造を標準としている。

南側の広々リビングは、太陽の光を浴びて子どもたちがすくすくと元気に育つように。夜には、間接照明がご夫婦の寛ぎの時間を演出してくれる素敵な空間となります!

ちょっと安らげる大人の空間。小上がりスペースは、シンプルなリビングに際立つオシャレなアクセントになっています

「私が考える良い家とは、安心して住める快適な空間であること」を目指すことが、家づくりにおける川崎社長の譲れない最大のポイントだ。

では、その強い家はどのようにして造られるのか。同社の建築工法は、木造軸組工法とスーパーストロング工法を採用している。工法の優位性について、川崎社長は断言する。

「国内最高水準の耐震基準をクリアしている工法であると同時に、コスト的にも優れた工法です」

そして造られた家は、地震が来た時に避難する避難所レベルの強さを誇る家。ご家族の安全をしっかりと守る家となるのだ。

家族の思いを家づくりに反映。施主や家族、工務店が一緒になって楽しく造る家

家づくりに対して厳しい面を持つ川崎社長だが、本来家づくりは、施主やその家族と楽しく造りあげていくものだという考えも持っている。同社では〝奈良で一番楽しい家づくりを目指す〟をキャッチフレーズに掲げる。「お客様ご家族が秘めた思いやご要望を家づくりに反映し、具体的な形にしていくということは、とても楽しいことなのだということを、お客様ご自身にも体験してほしいのです。またそのお手伝いをすることが、私たちの重要な仕事だと思っています」と、川崎社長。

同社では、一棟建てるごとに社内のスタッフ全員が全力でサポートする。そんな親身な関係が、工務店とお客様との絆をさらに太くし、強い信頼関係で結ばれていく。家が完成した後も、お客様は同社が開催するイベントに参加したり、気軽に会社に遊びに来たりするという。「当社はお施主様との距離感が大変近いと思います。ですから、お引渡しの後もメンテナンスのことなどでも気軽にご相談いただいています」と、川崎社長は話す。同社のアフターケアの徹底ぶり、後々の面倒見の良さも、地元の工務店ならではのこと。ZENHOMEの仕事が、三代にわたって支持されてきた理由もそこにある。

お客様の声

いくつかのハウスメーカーにプランを出してもらいましたが、自分たちの身の丈に合った提案はありませんでした。しかし、ZENHOMEさんは、詳細な資金計画に始まり、設計・プランもわかりやすく、しかも無理な注文も叶えてくれました。最高の家ができました。家づくりに直接参加でき、メチャ楽しかったです！　（F様）

5段階評価

項目	評価
災害などによる耐久性	★★★★★ 4.9
経年による劣化耐久性	★★★★★ 4.5
経験値／ライセンス	★★★★★ 4.5
省エネルギー性	★★★★★ 4.8
施工能力・柔軟性	★★★★★ 4.8

川崎社長

㈱ZENHOME

- 代表者　川崎全家
- 所在地　奈良県磯城郡川西町下永1304-1
- 電　話　0743-64-1105
- 設　立　昭和59年3月
- 事業内容　注文住宅、リフォーム、土木工事、太陽光発電事業、不動産業
- 建築工法　スーパーストロング工法・木造軸組工法
- 施工地域　奈良県北部、中部

http://www.zenhome.co.jp

ご家族の健康・安全を守るために〝無添加住宅〟を提供する創業100年の老舗工務店です。

株式会社　きごころ工房夢家（和歌山県すさみ町）

100％天然素材を使うことにより心地よい空間をご提供。キレイな空気と安心安全な暮らしをしていただくことが夢家の家づくりの想いです

お客様に満足していただける家を提供すること

きごころ工房夢家は大正9年の創業、ちょうど１００年を迎える。百年企業を、老舗と呼ぶ。社長の中村昌弘さんは、その三代目だ。

「子どものころから棟梁の祖父を見て育ち、家づくりを教わってきました。60人ほどの弟子が育つ中で、私も同じように鍛えてもらった」と、中村さんは振り返る。4年間、祖父の下で修業を積んだ後、建築専門学校に入り、卒業後は地域のゼネコンに就職。外の世界でさらに勉強し、家業を継いだ。

その中村さんが一番大切にしていることは、「お客様に満足していただける家を提供すること」と言う。

「私どもの仕事は、家を建ててしまえば終わりではありません。建ててからの方が、お客様とのお付き合いは長いのです。１００年の歴史があるということは、ＯＢさんとのお付き合いがそれだけ多いということ。決して年間の棟数が多いわけではない。逆に少ない方かもしれません。なぜなら、一棟一棟、丁寧に造っているからです」

中村さんは、自らお客様の想いを聞くこと（これを大切にしている）から、プラン作り、施工業者や職人との打ち合わせ、現場管理など、最初から最後までを担当する。請負える棟数は限られてくる。しかし、一つひとつを丁寧にという姿勢こそ、きごころ工房夢家が老舗となり得たゆえんなのだろう。

漆喰や無垢の床で心地よい空間を体感できるCafeと雑貨の“mon chouchou”（上）。店内には、一点物の照明やチェア、楽しい雑貨がいっぱい。ランチをいただきながらゆったりと楽しい時を過ごせます

身体と環境に優しい“安心な家”は自然素材や無添加素材で

きごころ工房夢家では、構造材には地元紀州檜や杉を使用している。伝統の軸組工法で、後々のリフォーム等にも対応できるので、永く住み続けることができる。さらに、住まうご家族の健康と安全を守るために“無添加住宅”を展開する。

「地方とはいえ、大気汚染や化学物質による健康被害、アレルギーなどが多く見られるようになってきています。屋外ではPM2・5や黄砂、花粉が飛び、新築の家の中ではホルムアルデヒドなどのシックハウス症候群の原因となる化学物質にさらされています。私は、家の中では化学物質の影響のないきれいな空気で過ごしてほしいという思いで、自然素材にこだわっているのです」

自然素材や無添加素材を使った身体と環境に優しい“安心な家”は、壁や天井は漆喰で仕上げられる。カビやダニの発生、アレルギーのない健康的な住環境。きごころ工房夢家の建てた家は、壁や天井、外壁まで呼吸し、調湿効果を発揮するのだ。

実際に、室内のきれいな空気と心地よさを体感してもらうため、同社ではモデルハウスを兼ねた、カフェと雑貨の店“モン・シュシュ”をオープンしているから、ぜひ一度訪ねてみるといいだろう。

身体に優しい環境づくりを通して、ご家族が安心して、笑顔で暮らすことができ、時代が変わっても“住み心地のいい家”であり続けるために、中村さんは今日もお客様と共に考え、家を造り続けている。

お客様の声

初めてお会いした中村社長の笑顔と、名刺に書かれた「自分の子供たちに誇れない家は建てない」の言葉が印象的でした。社長さん、専務さんの人柄、優しさなど、皆さんの良さを言いだすときりがありません。理想だけが強い私の思いに、丁寧にわかりやすく応えてくれました。今、社長さんのお人柄のような温かい家で、とても快適に暮らしています。　（C様）

5段階評価

項目	評価
災害などによる耐久性	★★★★★ 4.9
経年による劣化耐久性	★★★★★ 4.9
経験値／ライセンス	★★★★★ 4.9
省エネルギー性	★★★★★ 4.9
施工能力・柔軟性	★★★★★ 4.8

㈱きごころ工房夢家

●代表者　中村昌弘
●所在地　和歌山県西牟婁郡すさみ町周参見3711
●電　話　0739-55-3283
●創　業　大正9年
●事業内容　注文住宅、無添加住宅、リノベーション、リフォーム
●Caféと雑貨mon chouchou（0739-33-7077）
●建築工法　木造建築在来工法、鉄骨造
●施工地域　田辺市、西牟婁郡すさみ町、白浜町、上富田町、東牟婁郡、御坊市、日高郡みなべ町
http://www. wakayama-life.com

趣味を暮らしのスペースに。もっと豊かに、もっと楽しく！ガレージのある家。

株式会社　福山Three door（広島県福山市）

“ワンオフの家”を造る。お客様が求めるそれが私たちの仕事

「一般的には、良い家とは耐震や構造、断熱などの仕様内容のように思いますが、私の考えはそうではありません。その人らしさが表現できた家が、良い家だと思うのです」と語るのは、福山Three doorの社長、長岡俊宏さんだ。抽象的な言い方をされるが、想いは深く、具体的だ。

「家というのはご家族の数だけあるのです。つまり、一つとして同じ家はありえません。家族構成、生活スタイルも違えば、年月を経てそれらは変わってもいく。まして、同じ条件の土地なども存在しません。いわばお客様が求める〝ワンオフの家〟を造ることが私たちの仕事であり、それが良い家なのです」

家に家族が合わせて住むのではなく、家族に合わせた家を造る。当たり前だが、ほとんどの人が一生に一

親子三世代、日本の四季を暮らす家プロジェクト。モダンでシャープな外観は、自然豊かなロケーションに映えます。吹付け断熱&外壁断熱を採用しました

お客様の声

バイクガレージと生活動線の良さが第一条件でした。畳コーナーに、創作洗面所、収納とすべての希望を取り入れてもらった上に、いろいろと提案もして下さり、私たちが思い描いていたもの以上になりました。いつでも家族の気配を感じられる家で、大満足です。申し分のない外観で、さらに大、大、大満足です。（S様）

5段階評価

災害などによる耐久性	★★★★★ 4.8
経年による劣化耐久性	★★★★★ 4.8
経験値／ライセンス	★★★★★ 4.6
省エネルギー性	★★★★★ 4.9
施工能力・柔軟性	★★★★★ 4.7

長岡社長

㈱福山Three door

- 代表者　長岡俊宏
- 所在地　広島県福山市駅家町近田461
- 電　話　084-976-7623
- 設　立　平成22年7月1日
- 事業内容　建設業
- 建築工法　木造軸組工法
- 施工地域　福山市、尾道市、三原市、岡山県西部

http://www.3door.jp

右／リビングの壁には重厚感ある輸入石を。採光&通風&ロケーションを確保する中庭。左／2階へ通じる動線は、収納とスケルトン階段に。とても開放的なホール

度しか経験できない家づくりだからこそ、外すことはできない、最も大切なことなのだという。

長岡さんは、この業界に身を置く以前、全日本ロードレース選手権に出場するプロのレーシングライダーだった。英国チームへの所属も含めて12年間のレース人生を送った。先ほど〝ワンオフ〟という言葉があったが、これは主に自動車やオートバイのカスタムパーツに使われる用語だ。家づくりの場合、オリジナルの、その家族のためだけの、という意味になるだろうか。

長岡さんは引退後、31歳で広島に帰郷。建築を新たな道として、再び走り始める。平成22年に現在の会社を設立した。

個人住宅のほかに店舗設計・施工も数多くの実績。多様な引出しを持つ

福山Three doorは、狭小地、変形地、高低差のある土地を活かした設計を得意としている。木造軸組工法は、まさにそれらに有効なベストな施工法だ。なかでも力を入れているのが、ガレージハウス。

「これは、住まいの中にガレージスペースを取り込むことで、普段の暮らしをもっと豊かにしていただこうと提案しているものです。車やバイクばかりではなく、様々な趣味のスペースとして使うことができる。つまり、住む人のライフスタイルに合わせて活用できるスペースがあることで、もっと豊かな生活が実現すると思うのです」

同社では、個人住宅のほかに店舗設計・施工なども数多く手がけている。多様な引き出しを持つのも強みと言えるだろう。土地取得前のお客様には、どのような土地で、どのような暮らしを楽しみたいのかなどをお聞きして、土地の購入から家の設計・施工を一式で提供もする。借入資金計画、相続、税金等の相談もお任せあれ、といったところ。

予算内でのベストパフォーマンス。メーカーにはできない、経年変化による住宅の価値を上げるなど、想いをカタチにし、笑顔で！　健康に！　暮らしを楽しめる！　その人らしい家が良い家なのだと、長岡さんは固く信じている。

早く帰りたいと、いつまでも思える世界にひとつだけの大切な場所をお客様と一緒につくります。

有限会社　大﨑建築（高知県高知市・須崎市）

理想の暮らしを実現するため3部門体制をとって、家づくりをサポート

高知県須崎市と、高知市に拠点を置く大﨑建築は「シュシュ」というブランド名を冠し、新築住宅を請け負う「おうちシュシュ」、改築やリノベーションを担当する「りふぉーむシュシュ」、家具や雑貨の販売をする「おみせシュシュ」の3部門を展開をしている。「シュシュ」はフランス語で『お気に入り』という意味。「あなただけのお気に入りのおうちをつくりたい」という思いから名付けたと言うのは、同社取締役の大﨑光彦氏だ。

「照明ひとつにしても、それを毎日見て暮らすお客様のことを考えたら、家をつくるだけで終わらせることはできません。照明からカーテンや家具、雑貨までをトータルに提案したいと考えています」

大﨑氏にとって家をデザインすることは「見た目に美しいだけでなく、住む人にとって暮らしやすい空間をつくること」だ。

「今の時代、性能のいい家はできて

2階をリビングにし、小屋梁を見せることで、開放的な雰囲気にしました

当たり前です。家での暮らしやすさに、好きな物への〝こだわり〟が加わり、それらを両立できれば、世界にひとつだけの空間が完成します」

インテリアも小物も、光も風も、そこに住む家族も、その一つひとつが絵になる、そんな空間をつくるのが同社の家づくりのコンセプトだ。

「もし嫌なことがあっても、その家に帰ればホッとできて、『早く帰りたい』と、いつまでも思えるような大切な場所を提供していきます」

家は建てることよりも建てたあとの方が大切。将来を見据えて提案する

家づくりは、資金計画に始まり、設計プランなど検討することが非常に多く、時間もかかる。

「その最初のプランづくりから、お客様の理想の家づくりをお手伝いします。土地がなかったとしたら、住宅の設計プランと並行しながら土地を探していきます」

そのために、お施主様が想い描く〝理想の家〟を、どんなことでも聞くようにしている。

「言葉にはうまくできないイメージをみなさんお持ちだと思うんです。そのイメージを設計士が図面という具体的なものに落とし込み、それを熟練の大工さんたちとの連携プレーで『家』にしていきます」

家を建てるのは、人生で一番大きな買い物という人も多いだろう。その点でも、大﨑氏はビジョンをもってアドバイスをしている。

「夢のような豪邸を無理して建てて、好きなことを我慢する生活が本当に幸せなのでしょうか？ 私は、どんな家を建てるかよりも、毎日を豊かに自分らしく暮らすことを大切にしたい。だからこそ家づくりでは将来を見据えた住環境と、資金計画を提案しています。家を持ったあとの暮らしを考えて欲しいのです」

家を建てることが終わりではない。大﨑建築の家づくりは「たとえるなら、お客様と共に創るスクラム」と大﨑氏。豊かな暮らしという目標に向かい、組み合って前に進んでいくのだ。

上／お客様の思いをコーディネーターが具体的にかたちにしたリビング
下／お客様こだわりのデザインコンクリートの壁を使ったリビング

お客様の声

妻は家全体の雰囲気にこだわり、私は設備や機能面を重視しました。意見が分かれても大﨑建築のみなさんがそれぞれの希望に耳を傾けてくれたので、そのお陰でお互いに言いたいことが言えました（笑）。一日の疲れを癒やし、くつろげる場所。そして家族を守る大切な場所ができて満足しています。

（T様）

5段階評価

災害などによる耐久性	★★★★★ 4.8
経年による劣化耐久性	★★★★★ 4.5
経験値／ライセンス	★★★★★ 4.8
省エネルギー性	★★★★★ 4.5
施工能力・柔軟性	★★★★★ 4.6

㈲大﨑建築

●代表者　大﨑隆志
●所在地　高知県須崎市吾井郷乙2553-1
●電　話　0889-45-0800
088-879-3094（高知スタジオ）
●設　立　平成9年7月
●事業内容　注文建築、リフォーム、家具・雑貨販売
●建築工法　在来工法
●施工地域　高知県
https://www.ohsaki-kenchiku.jp/

子どもたちがのびのびと
裸足で走り回れる。
そんな家が、良い家なのです。

タカ建築工房（佐賀県三養基郡）

開放感あふれる中二階のある家。収納スペースを多くとりたい、空間を広く見せたい、子どもの気配を日常的に感じていたい、などには最適な選択です

子どもが小さいときに家を持っていれば家族の幸せが広がる

「お子さんが小さいときにこそ、家を建てることをお勧めしたい」

そう話すのは佐賀県にあるタカ建築工房の代表、野口芳誉さん。野口さんは、ご自身が15年前に〝清水の舞台から飛び降りる決心〟で建てた家をいつも誇りに感じるという。

「アパートと違い、家ならば子どもと一緒に部屋でバタバタドンドンと、大きな音をたてても、まわりに迷惑がかかりません。浴室を広くしたので、時間があるときは浴槽にお湯をいっぱい溜めて、子どもとお風呂遊びも楽しみました」

四六時中、仕事のことばかりで時間はあってないようなもの、というほど忙しい野口さん。だからこそ子どもが小さいときから、家族とのびのびと過ごせる家を持つ有難さを実感を込めて勧めるのだ。

「子どもはやがて独立し、結局残るのは夫婦2人。将来的には部屋が余ってしまうご家庭も多いでしょう。だからこそ、子どもが小さいときに家を持つことをお勧めします」

タカ建築工房が得意としているのは、小さな子どもの視点に立ち、子どもにとって本当に優しい家を考えることだ。シックハウスなどのアレルギーを持つ子どもも多い時代なので素材には気を配っている。

「柱は杉、土台には檜を採用しています。内装材は、自然素材が当たり前です」と語る野口さん。目指すのは〝裸足で歩きたくなる〟〝床に大の字で寝ころびたくなる〟〝家の中で深呼吸したくなる〟そんな家だ。

お施主様から学んだ家を造るうえでの大切なポリシー

「わが家を造るのは一生に一度と言ってもいいほどの大事業で、体力も気力も使う大変な作業の連続です。それなのに『思っていたのと違っていた』『言ったことが伝わらなかった』『あとから別の費用が発生した』なんて残念な思いをされている方がいると耳にします。形ばかり優れた家を建てても、そんな思いが残ってしまった空間で気持ちの良い生活が送れるわけがありません」

そこで、思いの食い違いが出たり、残念な思いをすることが起こらないよう、タカ建築工房では、お施主様と作り手がお互いに「良い家をつくる」という心を共有していくことを重視していると言う。

「お客様は『素人がこんなことを言っても平気?』『忙しいのにしつこくないかな』と遠慮されてしまうことがあると聞きました。大事な家づくりにそんな遠慮は不要です。気軽に何でも聞いていただきたいです」

たくさんのお施主様と触れ合うこと、それを学ばせていただいたと振り返る野口さん。

「お客様にとって『家』は大切な価値のある財産であり、心の拠りどころです。我が社の使命は家族が楽しくくつろげる、安心して健康に暮らせる家を提供することです」

家づくりのパートナーとして選ばれる存在となるために、使命を胸に日々邁進している。

段差によるそれぞれの部屋の目隠し効果で、プライバシーはきちんと守られます。特に子育て中のご家庭には、中二階の家は非常におすすめです

お客様の声

何軒も完成見学会をまわって検討しましたが、希望の間取りなど細部にまでこだわった家づくりができると感じて、タカ建築工房さんを選びました。期待通り、納得できる家を建ててもらえて、とても感謝しています。自然素材をふんだんに使って、家の中の空気がいつも新鮮です。毎日を気持ちよく生活できています。（S様）

5段階評価

災害などによる耐久性	4.7
経年による劣化耐久性	4.7
経験値／ライセンス	4.6
省エネルギー性	4.7
施工能力・柔軟性	4.5

野口社長

タカ建築工房

●代表者　野口芳誉
●所在地　佐賀県三養基郡みやき町簑原1663-4
●電　話　0942-94-5608
●設　立　平成16年7月
●事業内容　注新築住宅　リフォーム
●建築工法　在来工法
●施工地域　佐賀県、福岡県、長崎県、熊本県
http://takakenchiku.com/

家族の笑顔が絶えない、一生安心して暮らせる家を一棟一棟丁寧に造っています。

株式会社　川本建設（長崎県西海市）

お客様が目指されたのは素材の温もりを生かした人に優しい自然素材の家。LDKはカフェのようにゆったりと、そこにいるだけで癒されるような空間に

父親の背中を見て家づくりに憧れ、高校卒業後、職人の世界へ

「幼い頃から、作業場の片隅で木材を相手に遊ぶのが好きでした」と話すのは、川本建設の二代目社長、川本雅彦さん。

子どもの頃から大工職人だった父親の背中を見て育った。その尊敬する父親の意志を継ぎ、高校を卒業すると同時に一流の職人になるために、この世界に飛び込んだ。川本社長にとって、家づくりはまさに天職と言える。それほど、自分の人生をかけた仕事にしたかったのだ。

川本社長は、この仕事を始めた時から、自分の心に誓っていることがある。それは、「ずっと家族の笑顔が絶えない、安心して暮らすことのできる家を、一棟一棟それぞれのお客様の思いやこだわりをくみ取りながら、形にしていくこと」だと言う。その家づくりに対する思いは、現在もまったく変わっていない。さらに「お施主様を大切な友人や家族と同じように思い、その方の家を造っているのだという心構えで、社員である職人や協力会社さんと気持ちを一つにして協力し合い、自分たちにとって最高の家づくりを追求しています」と、川本社長。ではその仕事へのこだわり、また川本建設の強みはいったいどこにあるのだろう。

長崎という気候風土を踏まえ、木の持ち味を活かして、最適な工法で家づくり

同社が一番大切にしていることは、自然素材を使って、体に害のない快適な家を造ること。

「赤ちゃんにもやさしい家、無添加素材で木の香りがして心地いい、夏涼しく、冬暖かい家。そのためには自然素材は欠かせないのです」と、川本社長は考えている。自然素材で建てた家は、後々、メンテナンスが極力少なくて済み、住む方の家計にやさしい家だとも言う。

さらに長崎県全域を施工区域とする川本建設では、家を造るにあたって、地域性に合致した建築方法を採用している。この地域は、夏は暑く湿気が多い上、冬もかなり寒い。

「建築歴35年の経験を活かし、地域の気候に合わせた、木を使った家づくりが得意です。特に家の断熱については神経を使います。そこで、断熱材には、調湿効果のあるセルロースファイバーを使用し、加えて、屋根と外壁には遮熱効果の高いアルミ遮熱シートを採用しています」

このような施工・工法を実行することで、冬場は暖かく、夏には暑さを和らげ、快適に暮らすことができる。この地域の気候風土に合った、理想的な住まい。

川本社長は、続けてこう話す。「お客様からお預かりした大切な資金。決して無駄な経費をかけないのが私の主義です。相談から建築施工、完成後のお引渡しまで、すべて私が行います」と、限られた予算で家を持ちたいと思う施主にとっては頼りになる言葉。建てる前に、具体的な資金計画やローンの相談に乗ってくれるのも、川本建設が支持される大きな理由だ。建てる前、建設中、そして完成後のメンテナンス。すべてに川本社長の厳しい目が光る。

上／表し梁にはお客様のお気に入りのハンモックをさげてくつろぎの空間に。下／あえて小上がりの部屋を作り、小上がりの部分には引き出しの収納を作りました

お客様の声

以前、仕事にならない古家解体の相談をしたとき、親切に対応して下さり、川本さんの人柄と誠実さを感じておりました。今回はこだわりの注文をお願いしたので、ご苦労されたことかとお察ししています。でも、家族一同、出来上がりに満足し、新たな気分で生活を始めることができました。とても感謝しています。（M様）

5段階評価

災害などによる耐久性	★★★★★ 4.6
経年による劣化耐久性	★★★★★ 4.6
経験値／ライセンス	★★★★★ 4.6
省エネルギー性	★★★★ 4.2
施工能力・柔軟性	★★★★ 4.0

川本社長

㈱川本建設

●代表者　川本雅彦
●所在地　長崎県西海市西彼町上岳郷1717
●電　話　0959-27-1846
●設　立　昭和39年4月
●事業内容　新築、増改築、リフォーム
●建築工法　在来工法
●施工地域　長崎県
http://www.kawamotohome.jp

その家で暮らすという未来図を施主様と共に話し合い、描きながら家づくりをすすめていきます。

株式会社　杜ノ輝（鹿児島県薩摩川内市）

“ぬくもりと明るい暮らしをご提供する”をコンセプトに

「杜ノ輝」は、とても若い会社だ。しかし代表の神田光輝さんは、起業するまでの間、家づくりの業界を長くひた走ってきた。

それは高校卒業後に就職した東京の建築会社で、木造建築の現場管理をする機会を得て、木の家の良さに感動したことに始まる。その後、地元に帰り、大手ハウスメーカーのフランチャイズに加盟していた木造建築専門の会社で木造建築の基本・設計・構造・性能・品質を学んだ。さらに、自らのスキルアップを目指して地元工務店に再就職する。それまで学んだ知識に加え、お客様の求める真の要求を理解し、既製品ではできない職人の手による家づくりを中心に、設計から施工までを手掛けてきた。

「特に、素材の良さを生かすためには、その素材の持つ特徴を理解し、適材適所に使う必要があります。そうすると、不思議なもので家の中それぞれで空気がまったく違う家がで

来られた方にゆっくりとくつろいでもらうために、落ち着きある色合いにし、非日常な雰囲気を感じれる空間に仕上げています

きます。それに加えて、デザイン性を重視しながら家の中にお気に入りのお店のような雰囲気を作り出して、楽しく生活できる空間を作ってきたのです」と語る神田さん。

〝ぬくもりと明るい暮らしをご提供する〟をコンセプトに、神田さんが思う理想の工務店「杜ノ輝」を、平成29年11月設立したのである。

お店の中で暮らしているような楽しみを演出

「私が思ういい家とは、住んでいただく方が〝日々の暮らしを楽しく、笑って暮らせる家〟です。そのためには、家族が元気で安心して暮らせることが重要と考えています」と、神田さんは言う。

無垢材、漆喰、珪藻土などの自然素材を中心に用い、さらにタイル・レンガのアクセントでおしゃれな雰囲気にすることで、お店の中で暮らしているような楽しみを演出したりするが得意。写真でご紹介している家が、まさにそれだ。これは前の会社で神田さんが手がけた一棟。

「長く住む家だからこそ、住んでいる方が自分で模様替えできるような楽しみも作ってあげられたら、と。それは大切なことですよね」

また、家づくりの中では、必ずお客様に直接、現場に足を運んでもらうようにしている。例えばキッチンの高さ、棚の位置など図面上ではわかりにくい細かな部分でお客様とのイメージの齟齬をきたさないためだ。このような仕事をされると施主も安心できるだろう。

上／全体が見渡せる開放感がゆったりした気分に。中／自然石で造ったアプローチを歩くだけでもワクワク。下／山の中の空気を感じ、その自然の力を設計に取り入れます

「家の性能・品質は大切ですが、そこに住む方が、本当にその家で理想の暮らしができるのか、お客様が本当に満足できるのかということが重要だと思います。後悔しないためにも、〝どんな暮らしをしたいのか〟〝どんな未来を送りたいのか〟ということを施主様と一緒に考えて、家づくりをすすめていきたいですね」

神田さんの会社は、始まったばかり。あなたも一緒に夢をカタチにするために「杜ノ輝」を訪ねてみてはいかがだろう。

お客様の声

カフェ兼用のおうちは、自然素材をたくさん使っていただき、本当にゆっくりとくつろげる空間になりました。時間が経つのも忘れるくらいの心地よさは何とも言えません。山の中に建つ立地条件を生かして大きな窓から四季折々の景色を楽しむことができ毎日贅沢な気分です。本当にこんな空間を作ってもらい、感謝でいっぱいです。（K様）

5段階評価

災害などによる耐久性	★★★★★ 4.6
経年による劣化耐久性	★★★★★ 4.4
経験値／ライセンス	★★★★★ 4.6
省エネルギー性	★★★★★ 4.7
施工能力・柔軟性	★★★★★ 4.6

神田社長

㈱杜ノ輝（もりのひかり）

- ●代表者　神田光輝
- ●所在地　鹿児島県薩摩川内市大王町2-2
- ●電　話　0996-20-8841
- ●設　立　平成29年11月
- ●事業内容　注文住宅、リフォーム、リノベーション、ガーデン工事
- ●建築工法　在来軸組工法、ダイライト工法
- ●施工地域　薩摩川内市　いちき串木野市　阿久根市
- HP作成中

わかりやすく、ご納得の定額制で、「無添加住宅」という名のおしゃれで快適な家を造ります。

サイアスホーム 株式会社（沖縄県沖縄市）

光と風を活かし、自由な設計でお客様のライフスタイルやお好みのデザインを大切にした家をご提案しています

ご家族の幸せを願って。健康的でしかも、住む人の個性が光る家

「家づくりを通して人を幸せにする」が、サイアスホームの理念である。そして金城社長が、今の会社を設立する時に誓った決意でもあった。では、人の幸せとは一体何だろう。それはやはり、家族みんなが健康で、元気に、一つ屋根の下で仲良く暮らせることではないか。

「私たちの家づくりの基本は、本物の健康住宅をつくること。長く健康でしかも快適に住むことができる家を多くのお客様にご提供したいのです。しかも、住む方の個性が光る、スタイリッシュでカッコいいデザインであることも忘れてはいけないと考えています」と、金城社長。

サイアスホームでは、全国展開する無添加住宅正規代理店として、内装には防火・調湿・消臭性能に優れた〝炭化コルク断熱材〟や〝オリジナル漆喰〟を採用。床は足触りのよい〝無垢フローリング〟とするなど、人にやさしい無添加素材をふんだんに使っている。さらに内部の塗装は亜麻仁油など天然由来ものを使う。

また、気になる費用の面については、「お客様の必要な坪数に応じて、価格が一目でわかる見積システムを採用していますので、ご安心ください」と、金城社長。誰が見てもわかりやすく、ご納得いただける説明を心がけている。

沖縄の気候風土に合った天然素材と建築工法。先ず見て納得してほしい！

天然の無垢材、炭化コルク、天然由来成分の塗料、そして漆喰。これら天然素材は健康に良いばかりか、沖縄という高温多湿の環境の中で、人が快適に、しかも安心・安全に暮らしていくために必要とされる素材でもある。まさに地域性にも見合ったものなのだ。

金城社長のこだわりは、建築工法にもある。これも沖縄という地域に根ざした合理的ともいえる、鉄筋コンクリート構造の家。「沖縄では、台風やシロアリなどに強い建物として、鉄筋コンクリート造りが主流となっています。これら一般的な住宅は構造計算書を提出しなくても認可が下りますが、当社ではあえて、平屋から2階以上の建物まですべてに構造計算書を付けて、より信頼性の高い住宅を目指しています」

このような、細部にまでこだわった家づくりの姿勢は、実際の家に接すれば一目瞭然。同社では、モデルハウスの見学はもちろん、住居の完成見学会も定期的に開催し好評を博している。お客様が抱える家づくりについての疑問や悩み、建築費用やローンのことまで、納得のいく説明を相談会などでしてくれるのも施主にとってはありがたい。

「お客様の健康面から、こだわりのデザインや細部にわたる嗜好まで、当初から設計担当者と面談していただきながら、お客様のご希望を実現していきます」と話す金城社長。相談にのる社員、スタッフは経験豊かで信頼性抜群。しかも、若々しく元気がいいところも、多くのお客様からサイアスホームが信頼を集めている大きな理由となっている。

上／無添加素材をふんだんに使用した内装は、玄関を開けた瞬間に空気もおいしく感じる快適空間。下／ご主人がお気に入りのバイクガレージ。お客様の趣味やご要望に合わせて、おしゃれな健康住宅をご提案

お客様の声

子どもたちが健康で、のびのびと育つことのできる家にしたい。そんな願いを無添加住宅が叶えてくれました。健康面はもちろん、天井が高く広々とした室内、家族5人が和気あいあいと暮らせるゆとりある設計も気に入りました。サイアスホームさんだからできた、私たちのライフスタイルに合った健康住宅だと感謝しています！（K様）

5段階評価

災害などによる耐久性	★★★★★ 4.8
経年による劣化耐久性	★★★★★ 4.8
経験値／ライセンス	★★★★★ 4.8
省エネルギー性	★★★★ 4.1
施工能力・柔軟性	★★★★★ 4.9

金城社長

サイアスホーム㈱

- 代表者　金城 悟
- 所在地　沖縄県沖縄市字登川2671-1
- 電　話　098-938-2458
- 設　立　昭和53年12月
- 事業内容　注文住宅、住宅リノベーション
- 建築工法　鉄筋コンクリート造
- 施工地域　沖縄本島南部、中部、北部（名護・本部・今帰仁）

http://www. saias-home.co.jp/

厳選！あなたの街の
5つ星工務店

工務店 所在地	代表者	電話番号	掲載頁
有限会社 儀賀住建			
〒510-0948 三重県四日市市室山町 227-7	儀賀信貴	059-322-4688	34
株式会社 桝田工務店			
〒545-0021 大阪府大阪市阿倍野区阪南町 3-20-6	桝田佳正	06-6621-6896	40
有限会社 小野工務店・カナエホーム			
〒871-0152 大分県中津市加来 2283-333	小野政文	0979-32-2846	46
有限会社 アトリエイマジン			
〒997-0117 山形県鶴岡市大宝寺字中野 142-7	渡部芳幸	0235-25-5508	52
松本カーサ設計室			
〒399-0033 長野県松本市笹賀 7397-3	贄田謙二	0263-31-3948	56
有限会社 矢島建築			
〒395-0086 長野県飯田市東和町 3-5267-4	矢嶋正康	0265-24-8923	60
株式会社 マブチ工業			
〒433-8105 静岡県浜松市北区三方原町 626-3	馬渕正利	0120-17-2347	64
有限会社 藤岡工務店			
〒629-0311 京都府南丹市日吉町胡麻古津 13-1	藤岡裕英	0771-74-0241	68
株式会社 新谷工務店			
〒643-0855 和歌山県有田郡有田川町上中島 243-2	新谷俊典	0737-52-5260	72
イーホーム 株式会社			
〒802-0043 福岡県北九州市小倉北区足原 2-10-16	安枝博信	093-952-1060	76
ひのきの香房木楽家・株式会社 髙木工務店			
〒820-0202 福岡県嘉麻市山野 322-2	髙木和夫	0948-42-5957	80
有限会社 英《はなぶさ》建築設計事務所			
〒341-0024 埼玉県三郷市三郷 1-30-9	谷中英輝	048-952-3107	84

★★★★★ 5つ星 FIVE STAR

工務店 所在地	代表者	電話番号	掲載頁
株式会社 提坂《さげさか》工務店			
〒427-0011 静岡県島田市東町 230	提坂大介	0547-35-3376	86
株式会社 ハウスアップ			
〒612-0889 京都府京都市伏見区深草直違橋 7-251	太田圭介	075-646-2220	88
福原建築工房 株式会社			
〒581-0843 大阪府八尾市福万寺町南 2-2-6	福原克明	072-929-0410	90
株式会社 ウッドプラン			
〒669-5307 兵庫県豊岡市日高町松岡 8-2	嶋田　大	0796-20-3100	92
株式会社 ZENHOME			
〒636-0201 奈良県磯城郡川西町下永 1304-1	川﨑全家	0743-64-1105	94
株式会社 きごころ工房夢家			
〒649-2621 和歌山県西牟婁郡すさみ町周参見 3711	中村昌弘	0739-55-3283	96
株式会社 福山 Three door			
〒720-1133 広島県福山市駅家町近田 461	長岡俊宏	084-976-7623	98
有限会社 大﨑建築			
〒785-0044 高知県須崎市吾井郷乙 2553-1	大﨑隆志	0889-45-0800	100
タカ建築工房			
〒849-0102 佐賀県三養基郡みやき町簑原 1663-4	野口芳誉	0942-94-5608	102
株式会社 川本建設			
〒851-3304 長崎県西海市西彼町上岳郷 1717	川本雅彦	0959-27-1846	104
株式会社 杜《もり》ノ《の》輝《ひかり》			
〒895-0062 鹿児島県薩摩川内市大王町 2-2	神田光輝	0996-20-8841	106
サイアスホーム 株式会社			
〒904-2142 沖縄県沖縄市字登川 2671-1	金城　悟	098-938-2458	108

森田敏之（もりたとしゆき）

1965年、栃木県生まれ。

1999年、国産のスギやヒノキを多用した健康住宅の合理化を目指し建築会社を設立。建築会社経営のかたわら、全国の工務店向けセミナーの講師として活躍。自然素材の住宅づくりの促進、現場主義に基づいた実践的な内容が好評で、多くの支持を得ている。その経験から日本の工務店、建築事務所などおよそ6,000社と関わってきた実績、経験を持ち、現代の住まいの良し悪しを見ることには「プロの眼」として高い定評がある。

現在は、パブリックリスクコンサルタント、法務コンサルタントや企業のビジネスカウンセリング、コーチングや個人、アスリート、芸能人と幅広いカウンセリングやコーチングも手掛けている。一般社団法人日本公正技術者協会代表理事。

一般社団法人日本公正技術者協会
HP: http://jft.or.jp/　E-mail:info@jft.or.jp

厳選《げんせん》！あなたの街《まち》の5つ《いつ》星工務店《ぼしこうむてん》

2018年6月25日　初版第1刷発行
著　者　森田敏之
発行者　鎌田順雄
発行所　知道出版
〒101-0051 東京都千代田区神田神保町1-7-3 三光堂ビル 4F
TEL 03-5282-3185　FAX 03-5282-3186
http://www.chido.co.jp
印　刷　シナノ印刷

ISBN978-4-88664-311-7